Komparsenwelt

AF285730

Martin Kort

Komparsenwelt

Bibliografische Information der Deutschen Bibliothek:
Die Deutsche Bibliothek verzeichnet diese Publikation in der Deutschen
Nationalbibliografie; detaillierte Daten sind im Internet über
<http://dnb.ddb.de> abrufbar.

© 2005 Martin Kort
Herstellung und Verlag: Books on Demand GmbH, Norderstedt
ISBN 3-8334-3133-4

Inhalt

1.	Vorwort	7
2.	Einleitung	8
3.	Danksagung	10
4.	Wie alles begann	12
5.	Allgemein	14
	5.1 Über die Komparserie	14
	5.2 Was ist eigentlich ein Komparse oder Statist?	15
	5.3 Kann jeder Komparse werden?	18
	5.4 Wer hat die besten Chancen?	19
6.	Casting	21
	6.1 Rund um Casting und Vita	21
	6.2 Wie findet man eine Agentur?	24
	1. Zeitung und Radio	25
	2. Internet	27
	3. Kostenpflichtige Agentur – CastingPartner	28
	4. Die kostenlose Castingliste	30
	5. Empfehlungen durch Komparsen	31
	6. Arbeitsamt	31
	7. Filmhersteller	32
	8. Ersteigern	33
	6.3 Was passiert bei einem Casting?	33
	6.4 Meine Erfahrungen mit Castings	36
	Zeitungsannonce im September 2004	37
7.	Ablauf einer Vermittlung	39
8.	Rund um den Drehort oder das Set	47
	8.1 Allgemein	47
	8.2 Kostüm, Garderobe und Maske	50

8.3   Spiel, Inszenierung und Ton   51

9.   Wann sehe ich mich im TV?   58

10.   Die Gage   59

11.   Die Verpflegung   66

12.   Erfahrungsberichte   69
12.1 Vorwort   69
12.2 Crazy Race   69
12.3 »SK Kölsch« – »Der Tag an dem Marcel Pracht starb« 75
12.4 »Alarm für Cobra 11«   90
12.5 Lady Cracher   94
12.6 »Der freie Wille« (Low Budget Film)   98

13.   Foto, Schauspieler, Autogrammjäger   101

14.   Schlusswort   103

15.   Kleines Filmglossar   105

1. Vorwort

Liebe Leserin, lieber Leser,

dieses Buch gibt Ihnen einen amüsanten Einblick in die Welt der Komparsen mit vielen hilfreichen, informativen und praktischen Tipps. Sie werden durch meine Erfahrungsberichte einen Eindruck davon bekommen, was ich während der Dreharbeiten erlebt und empfunden habe. Neben den positiven Erlebnissen lernen Sie natürlich auch die Schattenseiten kennen und blicken hinter die Kulissen des Films. Sie erfahren, in welche Lage ein Komparse kommen kann, in was für Situationen, die für ihn keineswegs alltäglich sind. Dieses Buch kann Ihnen bei Ihrer Entscheidung helfen, ob Sie Komparse werden wollen oder nicht.

Übrigens: Wenn ich in der männlichen oder weiblichen Form schreibe, wie zum Beispiel Komparse, dann sind damit immer beide Geschlechter gemeint.

2. Einleitung

Einen Blick hinter die Kulissen des Films zu werfen und bei Dreharbeiten live dabei zu sein, ist schon etwas Besonderes. Vielen bietet sich diese Möglichkeit nie. Haben Sie nicht auch schon öfter davon geträumt, sich im Fernsehen oder sogar in einem Kinofilm wieder zu erkennen? Filmluft zu schnuppern, am Set von Serien wie »SK Kölsch«, »GZSZ«, »Unter uns«, »Wolfs Revier«, »Balko«, »Alarm für Cobra 11«, »Soko 5113«, »Marienhof«, »Lindenstraße«, »K11«, »Lenßen & Partner« und vielen mehr dabei zu sein? Für einen Komparsen wird dieser Traum Wirklichkeit. Und mit diesem Buch haben Sie die Möglichkeit, das Leben und die Abläufe am Drehort – oder am Set, dem Ort, an dem unmittelbar gedreht wird – kennen zu lernen.

Viele haben eine falsche Vorstellung von der Komparserie. Sie ist eine ernst zu nehmende Arbeit, die man nicht unterschätzen sollte. Denn es steckt viel mehr dahinter, als nur einfach durchs Bild zu laufen. Komparserie ist schon eine kleine schauspielerische Herausforderung und oft ziemlich anstrengend. Der Zuschauer darf nicht merken, dass im Hintergrund, zum Beispiel in einem Cafe, gerade Komparsen agieren. Leere ausdruckslose Gesichter, unnatürliche Bewegungsabläufe sind Gift für eine Szene. Die Filmindustrie braucht Komparsen, die mitdenken, sich in jeder erdenklichen Situation angemessen und natürlich verhalten. Schließlich soll die perfekte Illusion geschaffen werden.

In Deutschland werden Jahr für Jahr Hunderte von Filmen gedreht. Diese Zahl macht deutlich, dass sehr viele Komparsen gebraucht werden. Die Welt der Komparsen, die allgemein auch als Statisten bezeichnet werden, ist vielen fremd. Dies habe ich immer wieder feststellen können, sei es in Internetforen, bei Zuschauern, die zufällig Zeuge von Dreharbeiten wurden oder im Freundes- und Bekanntenkreis. Es tauchen oft und immer wieder dieselben Fragen auf: Was ist ein Komparse? Wie finde ich eine seriöse Agentur, die Komparsen vermittelt? Wie bewerbe ich mich richtig? Wie hoch ist die Gage? Wie läuft das am Drehort (Set) ab?

Als ich vor knapp drei Jahren mit der Komparserie begann, stellte ich mir genau die gleichen Fragen. Bisher scheint sich mit diesem Thema allerdings kaum jemand beschäftigt zu haben. Vergeblich habe ich damals ein Buch gesucht, das mir meine vielen Fragen beantwortete und mir praxisnahe Erfahrungen über die Komparserie an die Hand gab. So wurde die Idee geboren, selbst ein Buch darüber zu schreiben.

Mein Anliegen ist es, Ihnen die Arbeit eines Komparsen so nahe wie möglich zu bringen. Und dies ist mir – glaube ich – auch gelungen! Sie bekommen mit diesem Buch einen umfassenden Einblick in die Komparsenwelt, mit vielen hilfreichen, informativen und praktischen Tipps. Es ist ein praktischer Leitfaden für alle, die als Komparse tätig werden möchten oder die einfach mehr über dieses Thema wissen wollen. Und Sie werden sehen, in dieser Welt »*ist nicht alles Gold, was glänzt*«. Dieses Buch soll aber auch Filmherstellern, Castingagenturen und Komparsenbetreuern Tipps und Anregungen geben für einen besseren Umgang mit uns Komparsen, auch wenn es sicherlich nicht immer ganz leicht mit uns ist. Und wer weiß, vielleicht sehen wir uns ja demnächst bei Dreharbeiten, wenn es heißt: »Und BITTE.«

Viel Spaß beim Lesen wünscht Ihnen

Ihr

Martin Kord

3. Danksagung

Ein Film ist für mich wie ein Kuchen. Ob große oder kleine Stücke oder lediglich ein paar Krümel, alles zusammen ergibt den kompletten »Film-Kuchen«. So ist es auch mit diesem Buch. Ohne die Hilfe vieler »Krümel« hätte es nicht geschrieben werden können. Da ist zum einen Inge zu nennen, eine Theater- und Filmschauspielerin mit jahrelanger Schauspiel- und Komparsen–Erfahrung, die ich bei Dreharbeiten in Köln kennen gelernt habe. Sie stand mir mit all ihrer Erfahrung, viel Rat und Tat zur Seite und brachte mir nebenbei die Kunst des Schauspielens näher.

Ein großes Dankeschön auch an Merlina. Durch das Forum ihrer »SK Kölsch« Fan-Page (Thema Komparserie – Ich will zum Film) habe ich viele neue Ideen und Tipps für dieses Buch erhalten. In diesem Zusammenhang gilt mein Dank natürlich auch den Usern, die in diesem Forum ihre Erfahrungen zur Verfügung gestellt haben. Bedanken möchte ich mich auch bei meinen beiden Arbeitskolleginnen Michaela und insbesondere Bärbel, die mir durch ihren häufigen Diensttausch die eine und andere Erfahrung erst ermöglicht haben. Nicht zu vergessen, alle Freunde und Bekannte, die mein Demobuch kritisch unter die Lupe genommen haben. So konnte ich viele Anregungen einpflegen.

Danke sagen möchte ich auch allen, die mich ermutigt haben, Komparsenwelt wieder zum »Leben zu erwecken«, nachdem ein PC-Virus 80% meines Manuskriptes im Januar 2004 zerstörte.

Recht herzlich bedanke ich mich bei dem gesamten Team meines Buchverlages Books on Demand, das jederzeit für mich ein freundliches und offenes Ohr hatte. Mein besonderer Dank gilt meiner Lektorin Ulrike-Johanna Badorrek und meiner BoD-Betreuerin Annika Ollmann, die mich in den letzten Stunden vor der »Geburt« meines Buches begleitet haben.

Mein besonderer Dank gilt meiner Lebensgefährtin Claudia, die ihre Freizeit oft ohne mich füllen musste. Ohne ihre Liebe und ihr Verständnis wäre dies alles nicht machbar gewesen.

4. Wie alles begann

Mein Interesse an der Komparserie und der Wunsch, einmal einen Blick hinter die Kulissen des Films zu werfen, besteht seit etwa 25 Jahren. Ich war zehn Jahre alt, als im Sommer 1980 die Dreharbeiten zu dem mit sechs Oscars nominierten Kinofilm »Das Boot« begannen. Unter der Regie von Wolfgang Petersen, nach der Romanvorlage von Lothar Günther Buchheim, entstand in den Bavaria Film Studios München ein Film, der die Geschichte eines deutschen U-Bootes in einer Schlacht im Atlantik erzählt, »Die Feindfahrt von U96«.

Der Südwestfunk zeigte damals eine Reportage über die Dreharbeiten zu diesem Kinofilm. Seit dem hat mich die Arbeit vor wie auch hinter der Kamera fasziniert. Ursache meines Wunsches, als Komparse tätig zu werden, waren die Schlussszenen in diesem Film, als U96 in den Hafen von La Rochelle (es wurde tatsächlich dort gedreht) einläuft und von britischen Bombern angegriffen wird. Für diese Szene waren neben den Hauptdarstellern zahlreiche Statisten und Komparsen erforderlich. Von der Musikkapelle bis hin zu Soldaten und einfachen Zivilisten, die glaubhaft in Panik davon liefen als der Bombenteppich fiel.

Seit dem gehören viele Reportagen über Dreharbeiten, die so genannten Making of`s, zu meinen bevorzugten Sendungen. In diesen Making of's wird oft auch über die Stunts und die pyrotechnischen Effekte beim Film berichtet. Mittlerweile habe ich eine ansehliche VHS- und DVD-Sammlung mit Reportagen, unter anderem zu den Filmen »Jurassic Park«, »Die unendliche Geschichte«, »Tatort«, »Feuerengel«, »James Bond«, Wie Harald Juhnke den Trinker spielt, »Indiana Jones«, »Sommersturm«, »Der Soldat James Ryan«, »Pearl Harbor«, »Der Untergang« und noch viele andere mehr.

Mein Entschluss Komparse zu werden, verfestigte sich durch das im Jahre 1990 von der Firma »action concept« (Köln Hürth) produzierte

DSF Magazin »Stuntmen«. Mittlerweile ist diese Firma durch die TV-Serien »Alarm für Cobra 11«, »Der Clown«, »Die Motorradcops«, »Wilde Engel« und noch einige andere mit Action geladenen Filme weltweit bekannt. In einigen hatte ich bereits das Glück, als »Krümel« (Komparse) mitwirken zu dürfen. Aber davon später mehr!

Doch wie ich Komparse werde und wo ich mich bewerben sollte, war mir bis zu diesem Zeitpunkt noch immer völlig unklar. Erst durch die Krimiserie »Die Kumpel«, Jahre später im März 2001, kam Licht ins Dunkel, als ich zufällig Zeuge von Dreharbeiten im Rhein-Ruhr-Zentrum (Einkaufszentrum) in Mülheim Ruhr wurde. Hier wurde damals eine Verfolgungsjagd quer durch das Einkaufszentrum gedreht. Etwa ein Dutzend Komparsen spielten damals die Shoppinggäste. Hier habe ich zum ersten Mal Dreharbeiten live verfolgen können. Zu diesem Zeitpunkt wurde mir klar: Jetzt muss endlich etwas geschehen. Aber, wie wird man denn nun Komparse?

Während einer kurzen Drehpause sprach ich einen der Komparsen an. Er teilte mir kurz mit, dass man eine Castingagentur benötigt, um als Komparse vermittelt zu werden.

15 Monate später

Im Juni 2002 war in der Zeitung von einem Casting zu lesen, bei dem Komparsen für einen Spielfilm gesucht wurden. Zu diesem Casting ging ich natürlich hin und hatte Glück. Etwa vier Wochen später war es endlich soweit, ich hatte meinen ersten Job als Komparse.

Der Film hieß »Crazy Race«.

Das war der Beginn meines Hobbys Komparserie. Meinen Erfahrungsbericht dazu – neben vier weiteren – finden Sie natürlich auch in diesem Buch.

5. Allgemein

5.1 Über die Komparserie

Für den einen ist es ein Hobby, das süchtig macht, für den anderen nur ein netter Nebenverdienst. Filmluft zu schnuppern macht auf jeden Fall Spaß, ist interessant und spannend zugleich. Wie an anderer Stelle schon einmal erwähnt, werden in Deutschland Jahr für Jahr Hunderte von Filmen gedreht. Das Mekka der Filmemacher sind die Großstädte Berlin, München, Köln, Frankfurt, Hamburg, Stuttgart oder Mainz. Hier wird oft und viel gedreht und demnach ist der Bedarf an Komparsen dort besonders groß. Aber auch Städte im Ruhrgebiet wie Dortmund, Oberhausen, Mülheim, Essen, Duisburg oder Herne werden immer öfter für Filme und Serien herangezogen. In meiner Geburtsstadt Mülheim Ruhr wurden zum Beispiel Szenen für Filme wie »*Crazy Race*«, »*Der Clown*«, »*Die Kumpel*« und »Tatort« gedreht, ebenso der Kinofilm »Praxis Dr. Hasenbein« mit Helge Schneider. Im Herbst 2004 wurde in Mülheim Ruhr der Film »Der freie Wille« mit Jürgen Vogel gedreht. In diesem spiele ich übrigens in einem Kaufhaus einen Kunden in der Hemdenabteilung. Eine der bekanntesten Filmstädte im Ruhrgebiet überhaupt dürfte Duisburg sein. Dort wurde in den 80er und 90er Jahren die ARD-Serie »Tatort« mit Götz George als Horst Schimanski und Eberhard Feik als Christian Thanner gedreht.

Komparsen werden immer gesucht. Wer allerdings auf dem Land wohnt, wird es schwer haben als Komparse einen Job zu finden. Aber auch in den Städten wird es immer schwieriger, denn die Nachfrage nach Komparsen ist zwar sehr groß, die Konkurrenz jedoch ebenso. Die besten Chancen bestehen, wenn man in der Nähe wohnt, wo gerade ein Film gedreht wird. Sind Sie flexibel, erhöhen sich die Chancen eine Agentur zu finden um ein Vielfaches. Mein persönlicher maximaler Radius für einen Komparsenjob liegt zwischen 80 bis 100 km.

5.2 Was ist eigentlich ein Komparse oder Statist?

Der Unterschied zwischen einem Komparsen und einem Statisten ist eigentlich nur der, dass dem Komparsen eine Aufgabe zugeteilt wird. Wenn beispielsweise Anton sich in einem Cafe in dem Moment hinsetzen soll, wenn Komparsin Berta mit dem Kinderwagen zur Tür herein kommt, darf sich Anton schon Komparse nennen. Laut Duden ist ein Komparse eine stumme Figur, die in einem Film oder Theaterstück mitwirkt. Das heißt also, dass Komparsen in der Regel keine Sprechrolle haben und im Hintergrund einer Filmszene zu sehen sind. Sie bekommen bestimmte Kommandos, die am Drehort erteilt werden, wie zum Beispiel: Laufen Sie von A nach B oder von B nach A. Was nicht immer zu einem reibungslosen Ablauf führt. Aber davon später mehr im Kapitel »Am Drehort«. Statisten hingegen sind Leute, die in einer Gruppe agieren. Hierzu zählen zum Beispiel Fußballfans oder Soldaten.

Komparsen spielen beispielsweise Kneipengänger, die eine Cola trinken, Fußgänger, Polizisten, Kellner, Reisende, Penner, Rocker, Feuerwehrmann, Autofahrer, Beerdigungsgäste, Piloten, Putzfrau, Postbote, Krankenschwester, Sanitäter … Die Liste kann beliebig erweitert werden. Sie treten meist nur in kurzen Szenen auf und sind in der Regel nicht länger als fünf Sekunden zu sehen.

Fünf Sekunden Ruhm im Schatten der Großen.

Pro Film werden zirka 50 bis 150 Komparsen benötigt. Denkt man an Filme wie »Titanic«, »Ben Hur«, »Troja«, »Braveheart« oder »Herr der Ringe« sind es meist weit über 1000 Komparsen und Statisten. Für den Kinofilm »Der Untergang« wurden zirka 5600 Komparsen verpflichtet. Projekte dieser Größenordnung sind in der Bundesrepublik Deutschland allerdings selten zu finden. Für den Film »Sturmflut«, der 2004 unter anderem in Essen, Krefeld und Hamburg gedreht wurde, benötigte man über 500 Komparsen. Für die Film- und Fernsehproduktionen sind Komparsen also alles andere als unwichtig. Erst durch sie wird der gesamte Film lebendig und realitätsnah. Sie sind sozusagen das Salz in der Suppe. Das klingt vielleicht arrogant oder eingebildet. Aber sind wir doch mal ehrlich, ohne Komparsen könnten viele Szenen nicht gedreht werden. Eine Fußgängerzone ohne Passanten, ein Hauptbahnhof oder Flughafen ohne Personal und Reisende sind nicht gerade glaubwürdig, auch ein Restaurant ohne Wirt, Kellner und Gäste wirkt nicht realitätsnah. Komparsen sind für die Film- und Fernsehproduktionen unerlässlich.

Wer das Glück hat, einen kleinen Satz, ein Wort sprechen zu dürfen, das nicht im Drehbuch steht, darf sich Kleindarsteller nennen. Diese Art von »Sprechrollen« wird meist spontan am Drehort vergeben, was aber nicht oft vorkommt. Leider wird diese Tätigkeit je nach Filmproduktion in Form einer Extragage noch zu selten honoriert. Die Gage liegt hier ab 30€ aufwärts. Für eine Textseite sollte man schon mindestens 150 € verlangen.

Weit unter Wert verkaufen sich m.E. sehr viele Filminteressierte bei den sogenannten Gerichtsserien wie Richter Alexander Hold, Das Strafgericht, Familien – und Jugendgericht oder Barbara Salesch. Hier liegen die Gagen, bei zumeist sehr viel Text, zwischen 80 und 150€, manchmal auch etwas höher.

Manche Produktionsfirmen, wie zum Beispiel eine aus München, die für eine bekannte Serie ungeklärte Kriminalfälle rekonstruiert, vergüten die Kleindarstellerrollen nur in Höhe einer Komparsengage. Steht der zu sprechende Text im Drehbuch, darf man sich »Darsteller« nennen. Derartige Angebote kommen jedoch noch seltener vor. Genauso selten das Angebot für eine Nebendarstellerrolle als Leiche. Dieses Glück hatte ich einmal im Oktober 2003, in der Krimiserie »SK Kölsch«. Meinen Erfahrungsbericht dazu – ich habe ihn **»Der Tag an dem Marcel Pracht starb«** genannt – finden Sie auf Seite 75. Bei »Alarm für Cobra 11« habe ich einen Komparsen kennen gelernt, der einmal das Glück hatte, an der Seite von Sven Martinek (»Der Clown«) eine kleine Rolle spielen zu dürfen. Es waren zwar nur vier bis fünf Drehtage, aber für einen »Normalbürger« wie Sie und ich es sind, sind solche Tage sicher etwas Außergewöhnliches. Glück hatte auch eine 16jährige Schülerin aus Berlin. Das Drehbuch war fertig und das Produktionsbudget gesichert. Doch eines fehlte noch: die zweite Hauptdarstellerin. »Wir hatten alle Agenturen abgegrast«, so die Produzentin Andrea Wilson. Als nichts mehr half, zog die Regisseurin schließlich selbst ins Berliner Nachtleben, um die zweite Hauptdarstellerin zu finden. Im Szenelokal Route 66 wurde sie fündig. Katie – Anna Maria Mühe – stand mit einigen Freundinnen am Tresen. Vier Tage später hatte sie den Job (Quelle: Zeitschrift Cinema, 2002). Auch der damals 12jährige Grundschüler Ke Huy Quan war zum richtigen Zeitpunkt am richtigen Ort. Er spielte an der Seite von Harrison Ford in Indiana Jones in dem Film »Im Tempel des Todes« den Jungen Short Round. Nach dem Casting in seiner Grundschule hatte er die Hauptrolle. Gedreht wurde übrigens in Sri Lanka, obwohl die Geschichte in Indien spielt. Anja Nejarri, eine Schaufensterdekorateurin, ging 1995 zu einem Soapdarsteller-Casting und wurde prompt für die RTL 2-Serie »Jede Menge Leben« engagiert. Mittlerweile hat Sie eine Hauptrolle im »Großstadtrevier« (Quelle: BWZ, Nr. 2, 2005).

Wie Sie sehen, kommt es manchmal mehr auf den Typ an, als auf eine Schauspielausbildung. Aber die Chancen, dass man eine Hauptrolle bekommt, sind äußerst gering! Denn in Deutschland gibt es mehrere tausend Schauspieler, die arbeitslos sind. Also machen Sie sich nicht allzu große Hoffnungen, entdeckt zu werden. Bekommen Sie tatsächlich einmal eine »größere Rolle«, dann freuen Sie sich darüber.

Witziges U-Bahn-Casting

Die Dreamscanner Filmproduktion und Safran Film sind einmal einen sehr ungewöhnlichen Weg gegangen, um Darsteller für eine Filmproduktion zu casten. In mehreren U-Bahnen in Berlin wurden drei Tage lang zirka 400 in Frage kommende Kandidaten für die Darstellerrollen fotografiert Nach dem Casting erschienen die Porträts dieser 400 Kandidaten auf den Internetseiten der Berliner Verkehrsbetriebe. Wer sich erkannte, sollte sich mit Safran in Verbindung setzen. Diese Personen wurden dann zu einem richtigen Casting eingeladen. Wer schließlich das Rennen gemacht hat, konnte ich nicht mehr in Erfahrung bringen. Aber es war eine witzige Idee, wie ich finde, die Schule machen sollte.

5.3 Kann jeder Komparse werden?

Dies ist eine oft gestellte Frage, die leicht zu beantworten ist: Komparse kann jeder werden. Es spielt keine Rolle wie jung oder alt, dick oder dünn, groß oder schlank Sie sind. Als Minimum sollte ein Komparse jedoch folgende Eigenschaften mitbringen:

- Pünktlichkeit und Zuverlässigkeit
- Geduld
- Disziplin

Darüber hinaus sollte der Spaß am Drehen im Vordergrund stehen, nicht der Verdienst oder die Gage, wie man so schön sagt. Denn im Schnitt dauert ein Drehtag zwischen acht und zehn Stunden. Die Tagesgage beträgt meist um die 50,00 €. Das macht also einen Stundenlohn von rund 5,00 €. Näheres zum Verdienst finden Sie auch im Kapitel »Gage«. Haben Sie besondere Fähigkeiten? Sind Sie zum Beispiel ein guter Tänzer, Akrobat, Rennfahrer, Wasserballer, Taucher oder Hochradfahrer oder haben Sie Theatererfahrung? Dann schreiben Sie das in Ihre Bewerbung(Vita = persönliche Daten). Nicht selten werden auch Komparsen mit besonderen körperlichen Merkmalen gesucht, wie mit Tätowierungen, Piercings, langen Haaren, Vollbärten und ähnlichem. Für einen Tatort Film wurden mal Glatzköpfige gesucht. Die Produktionsfirma hatte ziemliche Probleme, Komparsen mit Glatze zu finden. Sie sollten Skinheads spielen, aber im realen Leben mit der rechten Szene selbstverständlich nichts zu tun haben. Ich machte der Filmfirma damals das Angebot, gegen eine höhere Gage meine Haare abrasieren zu lassen. Auf Anfrage der Filmfirma, wie hoch denn meine Gage ausfallen würde, teilte ich meine Preisvorstellung von 500,00 € mit. Eine Antwort bekam ich nicht. Auch auf meine Frage, wenig später, wie viel sie mir denn zahlen würden, hat die Filmfirma nicht geantwortet. Nachgefragt habe ich allerdings auch nicht mehr. Denn ich bin davon überzeugt, dass sie ohnehin nicht zahlen wollten, selbst wenn ich weniger verlangt hätte. Aber einen Versuch war's mir wert.

5.4 Wer hat die besten Chancen?

Wer recht flexibel ist und auch in der Woche Zeit hat, hat gute Chancen als Komparse einen Job zu bekommen, da viele Filme oft innerhalb der Woche gedreht werden. Wenn man im Schichtdienst arbeitet – so wie ich – ist die Gefahr natürlich recht groß, dass man genau an dem Tag arbeiten muss, an dem gedreht werden soll. Einige Agenturen nehmen Rücksicht auf die Terminsituation der Komparsen und notieren sich die freien Tage. Leider gehören diese Agenturen zur Gattung »Seltenheit«. Viele interessieren sich gar nicht erst für die freien Tage. Dann bekommt man nur zu hören: »Ich melde mich wieder.« In aller Regel war's das dann; wahrscheinlich hört man in dieser Sache von der Agentur nichts mehr. Als Komparse ist man also immer auf das Wohlwollen der Castingagentur angewiesen. Wer einen Komparsenjob ergattert hat, kann sich glücklich schätzen.

Denn die Nachfrage an Komparsenjobs ist sehr groß und auch die Konkurrenz schläft nicht. Am Set werden Sie Leute (=Komparsen-kollegen) aus den unterschiedlichsten gesellschaftlichen Schichten kennen lernen. Von hoch intelligenten Menschen bis zu absoluten Spinnern ist so ziemlich alles vertreten. Bei einem Dreh habe ich mal einen Komparsen kennen gelernt, der den ganzen Kofferraum voller Pornofilme hatte und jeden im Filmteam ansprach, ob er nicht einen erwerben wolle. Ich hoffe für Sie, dass solche oder ähnliche Typen Ihnen möglichst nicht über den Weg laufen.

Wie das nun aber tatsächlich alles abläuft am Drehort, wie und wo man sich bewirbt und was alles zu beachten ist, erfahren Sie auf den nun folgenden Seiten.

6. Casting

6.1 Rund um Casting und Vita

In den vorherigen Kapiteln haben Sie bereits einiges über die Komparserie gelesen. Wenn Sie jetzt immer noch zum Film möchten, dann lesen Sie bitte weiter. Genau wie ein Schauspieler, benötigt auch ein Komparse eine Agentur. Bevor man überhaupt als Komparse für einen Film vor der Kamera steht, ist es meist erforderlich sich in die Kartei einer Agentur, die Komparsen vermittelt, aufnehmen zu lassen. Die Agentur ist das Bindeglied zwischen dem Komparsen und der Filmproduktion. Ohne Agentur gibt es kein Engagement. Eine Bewerbung kann auf zwei Wegen geschehen: Entweder durch ein Casting oder man bewirbt sich direkt bei der Agentur (formloses Anschreiben zum Beispiel wie bei einer Bewerbung incl. Vita; s.u). Kommt es zu einer Vermittlung, erhält die Agentur von der Filmproduktion eine Provision. Ihre Gage sollte davon unberührt bleiben. Ist dies nicht der Fall, würde ich Ihnen empfehlen, sich nicht mit dieser Agentur einzulassen. Minderjährige benötigen übrigens ein schriftliches Einverständnis eines Erziehungsberechtigten.

Bevor eine Agentur Sie vermitteln kann, benötigt sie eine Reihe persönlicher Daten und Fotos von Ihnen. Dabei ist es sehr wichtig, dass Sie alle gestellten Fragen wahrheitsgemäß beantworten, sei es bei einem Casting oder wenn Sie sich schriftlich bei einer Agentur bewerben. Denn nichts ist schlimmer, als zum Beispiel eine falsche Konfektionsgröße anzugeben. Wenn dann keine Kostümprobe stattfindet – was oft vorkommt – und das Kostüm Ihnen dann später nicht passt, fällt das nicht gerade positiv auf. Die Kostümbildnerin muss sich unbedingt auf Ihre Angaben verlassen können.

Welche persönlichen Daten werden benötigt? (auch Vita genannt)

- Vorname, Nachname
- Straße
- PLZ, Wohnort
- Telefonnummer, Mobilnummer (Handy sollte man besitzen!)
- E-Mail
- Beruf und Hobbys
- Komparsen- und Theatererfahrung
- Größe, Gewicht, Schuhgröße
- Haar- und Augenfarbe
- Halsumfang, Konfektionsgröße
- Führerschein
- Besondere Fähigkeiten

Des Weiteren benötigt man von Ihnen ein bis zwei aktuelle Porträtfotos (9 × 13cm) und ein Ganzkörperfoto. Diese sollten nicht älter als drei Monate sein (kein Gruppenfoto). Und bitte keine Nacktaufnahmen oder ähnliches. Sie lachen? Alles schon passiert.

Wichtig zu wissen:

Finger weg von Agenturen, die für eine Aufnahme in ihre Kartei Geld verlangen. Seriöse Agenturen verlangen in der Regel keine Aufnahme- oder sonstigen Gebühren. Auch eine Vermittlungsgebühr sollte nicht erhoben werden. Es gibt genug Agenturen, die Sie kostenlos in die Kartei aufnehmen. Wenn Fotos von Ihnen vor Ort gemacht werden, sollten diese für Sie ebenfalls kostenlos sein.

Anzeichen einer unseriösen Agentur sind:

- Aufnahme- oder Vermittlungsgebühren werden erhoben
- Agenturinformationen über eine kostenpflichtige Hotline
- kostenpflichtige Fotos
- auf Kompromisse wird nicht eingegangen
- Sie müssen sich ausziehen
- Karriereversprechungen

Zwei Praxisbeispiele sollen Ihnen verdeutlichen, wie eine unseriöse Agentur aussehen kann. Aus juristischen Gründen, nenne ich die Namen dieser Agenturen nicht.

In Berlin gibt es seit zirka vier Jahren einen Komparsenservice, der Verträge mit 18 Castingagenturen hat und diese regelmäßig – so auf der Homepage zu lesen – alle 14 Tage mit neuen Gesichtern beliefert. Rund 2000 Menschen seien bei den Agenturen angemeldet worden. Dieser Service wird mit einer einmaligen Servicegebühr von 150,00 € berechnet. Eine Investition die sich nach Aussage des Firmeninhabers lohnt. Denn man würde im Schnitt ein bis sechs Mal im Monat als Komparse eingesetzt. Gelohnt hat es sich mit Sicherheit. Fragt sich nur, für wen! Nach Adam Riese hat der Firmeninhaber 300.000,00 € verdient (2000 Komparsen × 150,00 €= 300.000,00 €). Meine schriftliche Anfrage, ob man die einmalige Servicegebühr **pro Vermittlung** zum Beispiel mit 5,00 bis –10,00 € verrechnen kann und wie sich die Servicegebühr von 150,00 € zusammensetzt, wurde mir nicht beantwortet! Alles was ich erhalten habe, war ein Antwort-Standardschreiben sowie ein Informationsheft nebst Pressespiegel.

Was ich Ihnen sagen will, ist: Warum sollte eine Agentur Sie vermitteln wollen, wenn sie schon an Ihnen verdient hat? Dies kann eigentlich immer nur eines bedeuten: Solche Agenturen wollen Ihr Geld, allerdings ohne Sie zu vermitteln. Bei keinem Casting und keiner Agentur habe ich jemals Geld bezahlen müssen, weder für die Aufnahme in die Kartei noch für Fotos! Auch wenn positive Erfahrungen mit dieser Agentur gemacht wurden, kann man – wie ich finde – viel Geld sparen. Wer vorab Geld bezahlen muss, ohne eine Leistung dafür zu erhalten, wartet oft vergeblich auf Angebote. Wollen Sie dieses Risiko eingehen? Mein Tipp: Finger weg!

Eine ähnliche Erfahrung mit »Servicegebühren« habe ich mit einer Werbefirma aus Hamburg erlebt. Im Januar 2003 veranstaltete diese ein Casting für Werbefotos in einem Hotel in Velbert. Das Informationsgespräch brachte unter anderem zu Tage, dass eine Setcard mit persönlichen Daten und Fotos angefertigt werden würde und dass namhafte Werbeagenturen diese dann weltweit in einer Online-Datenbank einsehen könnten. Im Schnitt würde man zwei bis drei Aufträge im Monat erhalten und pro Auftrag zwischen 500,00 bis 1500,00 € verdienen. Ganz beiläufig wurde erwähnt, dass die Fotos für die Setcard zwischen 200,00 bis –400,00 € kosten würden. Diese Kosten hätte man ja nach dem ersten Auftrag schnell wieder heraus. Meinem Wunsch, die Kosten für die Fotos pro Auftrag mit 50,- € zu verrechnen, wurde auch hier nicht entsprochen. Um Agenturen, die auf keinerlei Kompromisse eingehen, sollte man einen großen Bogen machen.

6.2 Wie findet man eine Agentur?

In der Boulevard Presse, die über das Thema Komparserie unter Headlines wie »So werde ich ein Star«, »So komme ich ins Fernsehen« oder auch »Sie haben das Zeug zum Star« berichtet, kann man sehr oft lesen, wie man Komparse wird. Doch wie und wo man eine Castingagentur findet, wird dem Leser meist nicht vermittelt. Was nützt es einem, wenn man weiß, wie man Komparse wird, aber nicht, wie und wo man sich bewirbt?

Auf den nächsten Seiten möchte ich Sie daher praxisnah und ausführlich über das Thema »Wie findet man eine Agentur«informieren.

In Deutschland gibt es zwar viele Agenturen, die Komparsen an Filmgesellschaften vermitteln, doch viele sind über das örtliche Telefonbuch oder den Gelben Seiten nicht zu finden. Es ist oft ein hoffnungsloses Unterfangen, wenn Sie auf diese Art versuchen eine Agentur zu finden.

Welche Möglichkeiten gibt es also?

1. Zeitung und Radio
2. Internet
3. Kostenpflichtige Agenturen – Castingpartner
4. Castingliste
5. Empfehlungen durch Komparsen
6. Arbeitsamt
7. Filmhersteller
8. Ersteigern

1. Zeitung und Radio

Komparsen werden auch schon mal durch Agenturen über Zeitungsannoncen oder über das Radio – meist über Regionalsender – gesucht. Hier muss man allerdings meistens zu einem Casting gehen, was unter Umständen sehr anstrengend und nervig sein kann. Oft kommen zu diesen Terminen 300 und mehr Filminteressierte. Vor Jahren wurden für die ARD-Serie »Tatort« mit Götz George Komparsen gesucht.
Falls ich mich recht erinnere, kamen damals über 1000 Leute zum Casting. Die Wartezeit bei einem Casting beträgt oft zwei bis drei Stunden oder länger. Bei Dreharbeiten für einen Münster »Tatort« habe ich Komparsen getroffen, die mir von einem Vier-Stunden-Casting berichteten.

Mein Tipp:

Erscheinen Sie 45 bis 60 Minuten vor dem Casting-Termin. Je später Sie kommen, desto länger werden Sie wahrscheinlich warten müssen. Ein Casting ist praktisch schon Ihre erste »Generalprobe«. Denn welche drei Eigenschaften sollte ein Komparse noch einmal mitbringen?

Genau:

1. Pünktlichkeit und Zuverlässigkeit
2. Geduld
3. Disziplin

Das Arbeitsamt Duisburg hatte mal über das Radio für einen Film mit Moritz Bleibtreu Komparsen gesucht. Hier war allerdings keine Uhrzeit angegeben. Und als ich mich vorstellte, waren gerade acht Komparsen anwesend. Die Wartezeit betrug weniger als 20 Minuten. Einer von vielen Einzelfällen. Aus dem Job ist aber trotzdem nichts geworden, mein Typ war leider nicht gefragt.

So oder so ähnlich könnte eine Komparsen-Suchanzeige aussehen

Zeitungsannonce im Januar 2003

> **Nachwuchs für die Bühne gesucht!** Komparsen und Kleindarsteller für den Film »xyz« sucht die Agentur »abc«. Wer Spaß daran hat, in einem Film mitzuwirken und seine eigene Natürlichkeit zum Ausdruck zu bringen, kann als Fahrgast in der U-Bahn, als türkische Putzfrau, Double oder Mutter der Hauptdarstellerin, als Student, Kaufhausbesucher oder ähnliches mitspielen. Zum Casting sind Interessenten für kommenden Freitag, 24. Januar, um 19:00 Uhr eingeladen.

Sind Einschränkungen in der Zeitung zu lesen, wie zum Beispiel: Es werden Menschen gesucht, die über 1,85 m groß sind, Männer mit langen Haaren und ähnliches, dann gehen Sie bitte gar nicht erst dort hin, wenn Sie diese Eigenschaften nicht haben. Es wäre verlorene Zeit! In einigen Filmen haben Sie sicher schon einmal im Abspann Casting xy gelesen. Doch diese Castingagenturen vermitteln meist ausschließlich Schauspieler, keine Komparsen. Mühen Sie sich also nicht damit, die Adresse dieser Agenturen in Erfahrung zu bringen. Eine Bewerbung wäre hier aller Wahrscheinlichkeit nach zwecklos. Die Komparsenagenturen arbeiten nämlich im Hintergrund und werden im Abspann nicht erwähnt. Im WDR wurde einmal eine Kurzreportage über die Dreharbeiten von dem Film Schimanski gezeigt. Hier ist auch eine Komparsin interviewt worden. Über den WDR habe ich dann damals den Namen der Agentur in Erfahrung bringen können, die für die Komparsenvermittlung zuständig war. Meine Bewerbung dort verlief allerdings im Sande. Leider hat sich diese Agentur bis heute nicht bei mir gemeldet. Ein Versuch war es trotzdem wert. Irgendwann lohnt sich die Mühe!

2.   Internet

Das Medium überhaupt, um Castingagenturen und Castingaufrufe zu finden, ist und bleibt im heutigen Zeitalter das Internet. Wer über einen PC mit Internetanschluss verfügt, ist klar im Vorteil. Geben Sie einfach mal auf den Seiten der Suchmaschinen Google oder Yahoo die Begriffe Komparse, Statist oder Castingagentur ein. Hier finden Sie in der Regel in Hülle und Fülle Informationen über die Komparserie, über Castingtermine und Agenturen.

Einige empfehlenswerte Internetadressen:

www.komparse.de
www.easycast.de
www.starcasting.de

Einige Agenturen haben eine eigene Homepage, über die man sich kostenlos per Internet bewerben kann. Ich bevorzuge jedoch den Postweg, da ich dies persönlicher finde.

Neben den kostenlosen Agenturen, bei denen Sie sich bewerben können, um in eine Kartei aufgenommen zu werden, gibt es im Internet auch Agenturen, die für Ihre Dienste Geld verlangen. Hier wird für Sie im Internet meist eine Art Werbefläche in Form einer Setcard erstellt(persönliche Daten und Fotos). Nicht jede Agentur ist seriös und zu empfehlen. Das Preis-Leistungsverhältnis muss natürlich stimmen.

Um auch hier von meinen Erfahrungen berichten zu können, habe ich mich bei einer Casting Agentur im Internet mit Namen »CastingPartner« angemeldet.

3.   Kostenpflichtige Agentur – CastingPartner

Mitglied bin ich dort seit dem 23. Juli 2002. CastingPartner ist ein Internetdienstleister im Bereich Casting und bietet unter www. CastingPartner.de ein bundesweites Netzwerk für alle, die zum Film oder ins Fernsehen wollen. Über eine spezialisierte Online Datenbank (es wird eine Setcard von Ihnen erstellt) können Sie sich mit ausführlichen Angaben zu Ihrer Person und mit Fotos im Internet präsentieren. Zugriff auf diese Datenbank haben ausschließlich die Kooperationspartner, das sind zirka 65 (Stand März 2005), und in besonderen Fällen auch Casting Agenturen. Dies sind im Wesentlichen Produktionsfirmen, Agenturen und TV-Sender aus Deutschland,

Österreich und der Schweiz. Vorteil der Online-Datenbank für Bewerber ist, dass sie die Daten jederzeit online selbst aktualisieren können. So bleibt die Bewerbung immer auf dem neuesten Stand. Dies ist für Produktionsfirmen sehr wichtig. Nach der Anmeldung bei CastingPartner erhält man einen persönlichen Account mit Passwort. Mit diesem haben Sie dann Zutritt zum Mitgliederbereich. Hier werden Sie laufend mit qualitativ überwiegend sehr guten Castinginformationen versorgt. Angebote aus ganz Deutschland zu den verschiedensten Bereichen des Filmgeschäftes sind hier zu finden:

- Castingtermine
- Komparsen- und Kleindarstellergesuche
- TV-Aufrufe
- Filme in Vorbereitung oder in Produktion

Wer keine Zeit hat, sich jeden Tag auf der Homepage einzuloggen, erhält als Mitglied automatisch den wöchentlichen Newsletter mit den neuesten Informationen aus der Branche. Der Jahresbeitrag beträgt 48,- €, der Halbjahresbeitrag 36,- €. Wer kein Mitglied ist, kann ebenfalls einen Newsletter bestellen. Dieser enthält jedoch keine Castingadressen und berichtet generell über die Aktivitäten von CastingPartner.

Meine Erfahrung mit der Onlinedatenbank:

Die Online-Datenbank umfasst laut Auskunft von CastingPartner, etwas über 1000 Personen. Seit meiner Anmeldung Ende Juli 2002 hatte ich erst einmal das Glück, ein Angebot von einem der Kooperationspartner zu erhalten: als Protagonist für ein Fahrsicherheitstraining. Die Fahrtkosten zu dem zirka 70 km entfernten Dreh hätte ich selbst tragen müssen! Hin und zurück wären das also rund 140 km gewesen. Da weder eine Gage, noch die Erstattung der Anreisekosten vorgesehen waren, habe ich den Job dankend abgelehnt. Ich weiß nicht, nach welchen Kriterien die Produktionsfirmen und die Agenturen die Leute auswählen. Vor allem nicht, wenn es sich um Szenen handelt, die jeder »Normalbürger« spielen könnte, wie zum Beispiel Leute in einer Fußgängerzone. Für einen solchen Job muss man sicherlich keine Traummaße vorweisen. Denn wo im wirklichen Leben gibt es schon Situationen, in denen nur »Wundermenschen« zu sehen sind? Ich denke, dass man sehr viel Glück benötigt, um über die Online-Datenbank eine Komparsenrolle angeboten zu bekommen. Aber auch wenn ich in der Regel kein Freund von kostenpflichtigen Castingagenturen bin, möchte ich Ihnen diese eine Internetagentur dennoch empfehlen. Denn Sie erhalten aktuelle und zumeist qualitativ sehr gute Castinginformationen. Insbesondere durch die Komparsen- und Kleindarstellergesuche habe ich beispielsweise Kontakte zu mehreren anderen Castingagenturen sowie Komparsenbetreuern knüpfen können und darüber wiederum mehrere Komparsenjobs – mindestens zehn – ergattert.

Für diese Empfehlung bekomme ich übrigens keinerlei Provision, sie beruht lediglich auf meinen mit CastingPartner gemachten Erfahrungen.

4. Die kostenlose Castingliste

Sie ist ein kostenloser redaktionell betreuter Newsletter, über den Filmemacher, Agenturen, Fotografen und andere Künstler, die auf der Suche nach passenden Modellen oder Komparsen sind, ihre Jobangebote veröffentlichen können.

Zu finden ist dieser Newsletter auf der Homepage von www.thomas-numberger.de unter der Rubrik Castingliste.

Die Angebote werden zum Schutz der Modelle und Komparsen, wie oben bereits erwähnt, redaktionell geprüft. Eine 100prozentige Sicherheit gibt es natürlich nicht.

Thomas Numberger ist selbst seit Jahren neben Aufnahmeleiter und Regieassistent unter anderem auch als Komparse tätig und in der Filmbranche kein Unbekannter.

Durch den Newsletter habe ich damals zwei Agenturen gefunden, über die ich Komparsenjobs erhalten habe. Einer der beiden habe ich auch meine kleine Nebendarstellerrolle als Leiche bei »SK Kölsch« zu verdanken (Kapitel »Der Tag an dem Marcel Pracht starb«).

5.   Empfehlungen durch Komparsen

Adressen von Agenturen die Komparsen vermitteln sind unter Komparsen oft gehütete Geheimnisse. Denn je mehr Komparsen in das Rollenprofil der Produktionsfirma passen – an das ist die Agentur nämlich gebunden –, desto geringer sind natürlich auch die Chancen, dass man selbst vermittelt wird. Wenn Sie dennoch die Adresse einer Castingagentur auf diesem Wege ergattern können, umso besser.

6.   Arbeitsamt

In einigen Großstädten wie zum Beispiel in München, Hamburg, Mainz und Köln gibt es beim Arbeitsamt eine Abteilung, die Komparsen vermittelt. Sie wird auch »Zentrale Bühnen-, Fernseh- und Filmvermittlung«, kurz »ZBF« genannt. Oft ist sie auch bekannt unter dem Begriff Künstlerdienste.

Wer übrigens aus dem Raum Düsseldorf kommt, den muss ich enttäuschen. Nach eigener Recherche und mehrfachen Telefonaten habe ich erfahren, dass das Arbeitsamt Düsseldorf weder Komparsen vermittelt noch mit Agenturen zusammenarbeitet.

Die Empfehlung vom Arbeitsamt Düsseldorf: »Wenden Sie sich an das Arbeitsamt (ZBF) Köln.« Gesagt getan! Diese wiederum teilte mir mit, dass nur Komparsen aus dem Raum Köln in die Datei aufgenommen werden. Mein Einwand, dass ich über andere Agenturen bereits mehrmals im Kölner Raum als Komparse tätig war, fand beim Arbeitsamt Köln leider kein Gehör.

Da sich die Telefonnummern und Ansprechpartner in den Arbeitsämtern der einzelnen Großstädte ständig ändern, habe ich darauf verzichtet, diese hier zu nennen. Hier müssten Sie dann selbst aktiv werden. Fragen Sie sich durch!

7. Filmhersteller

Manche Filmhersteller haben eine eigene Komparsendatenbank angelegt. Das hat vor allem wirtschaftliche Vorteile. Denn wenn eine Castingagentur eingeschaltet werden muss, entstehen zusätzlich Kosten, die das Produktionsbudget belasten könnten.
Brainpool und Cologne Sitcom in Köln haben zum Beispiel eine eigene Komparsendatenbank. Je mehr Filme eine Produktionsfirma dreht, desto höher sind natürlich auch die Chancen vermittelt zu werden. Insbesondere dann, wenn viele Komparsen unterschiedlicher Rollenprofile gesucht werden. Bis zu meinem ersten Engagement bei Brainpool und Cologne Sitcom vergingen nur wenige Wochen.

Bei Action Concept habe ich dagegen nach meiner Bewerbung mehr als ein Jahr warten müssen. Und hier hat auch noch der glückliche Zufall eine Rolle gespielt. Denn von einer anderen Castingagentur habe ich damals mit deren Empfehlung die Handynummer der Komparsenbetreuerin erhalten. Hätte ich auch einen Komparsenjob ohne die Handynummer bekommen? Wohl eher nicht, denn soweit mir bekannt, ist die Datenbank bei Action Concept prall gefüllt. Wer da einen Komparsenjob ergattert, kann sich glücklich schätzen.

Allgemeiner Tipp:

Wer drehen möchte, sollte mit konstruktiver Kritik sparsam umgehen. Mein letztes Engagement bei »Alarm für Cobra 11« – nach insgesamt vier – war im Dezember 2003.

8. Ersteigern

Diese Möglichkeit an einen Komparsenjob oder sogar an eine Hauptrolle zu kommen, ist für alle gedacht, die eine dicke Geldbörse besitzen. Findige Agenturen und Produktionsfirmen versteigern nämlich seit geraumer Zeit diese begehrten Filmjobs im Internet. Zumindest im Auktionshaus Ebay ist dies schon öfters vorgekommen. Ich persönlich würde nicht mitsteigern, auch wenn ich das »Kleingeld« dafür hätte. Aber was tun manche nicht alles, um zum Film zu kommen.

6.3 Was passiert bei einem Casting?

Wie unter 6.1 »Rund um Casting und Vita« bereits erwähnt, benötigt eine Agentur vor einer Vermittlung Ihre persönlichen Daten. Diese werden bei einem Casting in Form eines Castingbogens abgefragt. Ich persönlich erspare mir meist die ganze schriftliche Prozedur, da ich alle wichtigen Daten wie auch meine Referenzen bereits auf einem DIN A4-Blatt zusammengestellt habe. Nachdem der Papierkram (Vita) erledigt ist, werden noch ein Porträt und ein Ganzkörperfoto von Ihnen gemacht. Diese sollten grundsätzlich kostenlos sein! Ich kann es nicht oft genug wiederholen. Agenturen, die hier Geld verlangen, wollen in der Regel nur eines: **Ihr Geld, aber nicht vermitteln!**

Wer selbst Fotos hat, kann diese zum Casting mitbringen. Bei einigen Castings werden statt Fotos, Videoaufnahmen gemacht. Hier hat man dann etwa 15 Sekunden Zeit, um sich vorzustellen mit Name, Alter, Hobby, Beruf und was einem so einfällt. Welche Auswahlkriterien hier angewendet werden, ist Sache der Filmproduktion. Darauf haben Sie genauso wenig Einfluss, wie bei einer Bewerbung mit Foto.

Wie oft und wann bekomme ich ein Engagement?

Das kann sehr variieren und von mehreren Faktoren abhängen:

- Wird in der Nähe Ihres Wohnortes oft und viel gedreht?
- Lässt Ihre Terminsituation den Komparsenjob zu?
- Anzahl der Agenturen, bei denen Sie angemeldet sind
- Sympathie der Agentur (meine persönliche Meinung)
- Ist der Bedarf an Komparsen hoch?
- Sind Sie flexibel und pünktlich?
- Haben Sie Disziplin?
- Sind Sie der »Typ«, der gerade gesucht wird?
- Hat die Agentur oder Filmproduktion schon positive Erfahrungen mit Ihnen gesammelt?

Diese Faktoren können meiner Meinung nach einen sehr großen Einfluss darauf haben, ob Sie ein Engagement erhalten oder nicht. Wie am Anfang schon erwähnt, sind Komparsen das Salz in der Suppe und demnach ist der Bedarf an neuen Komparsen nach wie vor recht groß. Je mehr Auswahl eine Agentur hat, desto gefragter ist diese in der Filmbranche. Je mehr Komparsen für eine Szene oder sogar für einen Film gesucht werden, desto höher sind natürlich auch Ihre Chancen, gebucht zu werden.

Haben Sie sich beworben, dann bleiben Sie am Ball. Auf sich aufmerksam machen, sich anbieten ist oft die Eintrittskarte, um bei Dreharbeiten einmal live dabei zu sein. Eine Garantie, dass man nach der kostenlosen Anmeldung oder nach dem Casting einen Job bekommt, gibt es natürlich nicht. Keine Agentur oder Filmproduktion ist verpflichtet, Sie zu vermitteln. Und Sie sind nicht verpflichtet, Komparsenangebote anzunehmen. Viele Komparsen warten manchmal Jahre auf ein Angebot. In sporadischen Abständen kann es sich lohnen, bei der Agentur freundlich nachzufragen, ob diese ein Engagement für Sie hat. Bei einigen stößt man aber auch mit hartnäckigem Nachfragen auf Granit. Auch wenn Sie Erfahrungen und Referenzen in der Komparserie vorweisen können, gibt es keine Garantie, dass Sie auch vermittelt werden. Es kommt öfters vor, dass man längere Zeit »arbeitslos« ist. Manchmal hat man das Glück, dass man jede Woche Angebote bekommt, sogar mehrere an einem Tag. Je mehr Agenturen Sie in der Kartei haben, desto größer sind natürlich auch die Chancen einen Job zu bekommen. In 2004 habe ich zum Beispiel mein erstes Angebot im Mai bekommen, musste aber wegen einer Erkältung leider absagen. Erst im Juli war es endlich wieder soweit. Durch den Newsletter von CastingPartner habe ich erfahren, dass Brainpool Komparsen sucht. Keine zwei Wochen später hatte ich wieder ein Engagement.

Wurde man erstmalig vermittelt und ist nicht negativ aufgefallen, sind die Chancen für weitere Engagements recht gut. Es gibt viele Agenturen, die 5000 und mehr Komparsen in Ihrer Kartei haben. Viele davon sind aber auch Karteileichen. Es gibt einige Agenturen, von denen habe ich bis heute noch nichts gehört. Eine Castingagentur kann übrigens jeder gründen. Lassen Sie sich bitte nicht beeindrucken von dem Hinweis »mit Erlaubnis der Bundesanstalt für Arbeit«. Wer regelmäßig drehen will, braucht Glück, Ausdauer und Geduld. Im Schnitt kann man, wenn man sich sehr aktiv bemüht, ein bis zwei Drehs pro Woche haben. Und das ist oft schon spitze. Manche Komparsen schaffen vier bis fünf Drehs die Woche. Wie die das allerdings anstellen, weiß ich bis heute nicht. In den Wintermonaten ist übrigens oft nicht viel los. Erst im Frühjahr fangen die ersten Produktionen wieder an zu drehen.

6.4 Meine Erfahrungen mit Castings

In den knapp drei Jahren meiner Komparserie habe ich an insgesamt vier Castings teilgenommen:

1. »Crazy Race«, Juni 2002
2. »Solino« mit Moritz Bleibtreu
3. »Der freie Wille«, September 2004
4. »Sturmflut«, November 2004

Bei »Crazy Race« hatte ich dann auch das große Glück, meinen ersten Komparsenjob direkt ergattern zu können. Der Verlauf meines Castings bei »Crazy Race« – stressfrei und mit kurzen Wartezeiten – entsprach wohl nicht der Norm. Denn viele Komparsenkollegen, die ich im Laufe der Zeit getroffen habe, berichteten mir immer wieder von so genannten »Katastrophen-Castings«. Ich wurde neugierig und entschloss mich, um mitreden zu können, noch einmal an einem Casting teilzunehmen. Am 10. September 2004 war es dann endlich soweit. Von da an wusste ich, was meine Kollegen mit »Katastrophen-Casting« meinten.

Es war das Casting für den Spielfilm »Der freie Wille«.
Davon, dass es sich um eine Low Budget-Produktion handelte, war in der Zeitung nichts zu lesen gewesen. Bei dieser Art von Produktionen erhält man entweder nur eine kleine oder sogar gar keine Gage.

Zeitungsannonce im September 2004

Komparsen für Film gesucht

Die Produktionsfirma »xyz« sucht Komparsen für die Dreharbeiten zu »Der freie Wille«, einem Streifen mit Jürgen Vogel, der vom nächsten Montag an zu Großteilen in Mülheim gedreht wird. Gesucht werden Komparsen vom Kind bis zum Rentner.

Diese Zeitungsanzeige war im Lokalteil meiner Heimatstadt in Mülheim Ruhr drei Tage vor dem eigentlichen Casting-Termin erschienen. Als ich um zirka 16:15 Uhr dort eintraf – um 16:00 Uhr war Einlass – standen schon über 200 Filminteressierte in der Schlange, die bis in den 2. Stock reichte. Wie ich erst viel später erfuhr, sind insgesamt zu diesem Casting schätzungsweise 400 »spielwütige« Komparsen erschienen. 150 Komparsen wurden benötigt. Die Warterei, die stickige Luft in dem engen Treppenhaus und vor allem Leute, die keinen Anstand besitzen und sich vordrängeln, raubten einem den letzten Nerv. Die Stimmung war nach einer gewissen Zeit ziemlich aufgeheizt. Und wer auf die Toilette musste oder nichts zu trinken bei sich hatte, für den war der Tag sicher gelaufen. Der Höhepunkt war eine Frau um die 40 mit ihrer Tochter, die zirka 12 Jahre alt war. Diese hatten sich aus dem Erdgeschoss bis ins 2.Obergeschoss vorgemogelt. Angeblich hätten Sie schon vorgesprochen, aber: Sie müssten noch einmal rein, um etwas zu klären.

»Da kann jeder kommen«, war die Antwort von mindestens einem halben Dutzend Leute, und auch von mir . Zumal andere mit diesem Vorwand bereits versucht hatten voranzukommen. Zu diesem Zeitpunkt wartete ich bereits seit über zwei Stunden darauf, gecastet zu werden. Die Mutter freundlich zur Rede zu stellen, sie solle sich gefälligst unten anstellen, wurde mit den Worten belohnt: »Kümmern Sie sich um Ihren eigenen Dreck.« Skrupellosigkeit, Dreistigkeit und Unverschämtheit in einer Person.

Da fehlen einem in diesen Momenten echt die Worte. Ich gebe zu, etwas unsanft packte ein Herr um die 45 schließlich die Frau an den Oberarmen und »schupste« sie in Richtung Ausgang. Die Frau war natürlich erbost über diese Attacke und verließ mit ihrer Tochter das Geschehen. Unfassbar für viele von uns, kam sie etwa eine Stunde später mit der Polizei im Schlepptau zurück. Ihr Oberarm würde noch immer schmerzen und sie wolle Anzeige wegen Körperverletzung gegen diesen Herrn erstatten. Zirka zehn angehende Komparsen, die Zeuge des Vorfalls waren, ich auch, mussten der Polizei noch vor Ort Rede und Antwort stehen. Aber auch den Polizeibeamten gegenüber gab die Frau keine Erklärung dazu ab, warum sie sich denn nicht unten angestellt hat. Auch eine Entschuldigung von dem »Schupser« für diese körperliche Attacke war für sie nicht tragbar. Sie wollte die Anzeige, auch wenn diese wenig Erfolg haben würde. Schließlich, warum wissen wir alle nicht, verzichtete sie dann doch auf eine Anzeige. Und vorgesprochen, was sie vorher so dringend wollte, hat sie auch nicht mehr. Als ich um 19:45 Uhr den Vorsprechraum verlassen hatte, standen immer noch mindestens 80 Leute im Treppenhaus und warteten darauf, gecastet zu werden.

Wie Sie sehen, kann so ein Casting ziemlich anstrengend und nervig sein. Um Ihnen nicht ganz die Laune zu verderben, muss ich aber auch sagen, dass es auch Castings gibt, die trotz hohen Zulaufs zügig über die Bühne gehen. Diese positive Erfahrung habe ich zumindest bei dem Film »Die Sturmflut« im Oktober 2004 in Essen gemacht. Das Casting fand an einem Samstag in einer Disco statt. Als ich um 16:20 Uhr dort eintraf, 40 Minuten vor Einlass, standen schon etwa 50 Komparsen vor der Türe und warteten. Zum Glück war ich unter den ersten 50, die um 17:00 Uhr rein gelassen wurden. Dass es »relativ« ruhig zuging, lag wahrscheinlich auch an dem Security Service, der zugegen war. Um 17:20 Uhr war für mich das Casting bereits vorbei. Wie Sie sehen, es geht auch anders.

7. Ablauf einer Vermittlung

Passen Sie in das Rollenprofil der Produktionsfirma oder wurden Sie von dieser ausgewählt, wird man sich mit Ihnen telefonisch in Verbindung setzen und fragen, ob Sie an dem besagten Tag Zeit haben. Dies kann sieben Tage oder auch nur wenige Stunden vor einem Dreh passieren. Haben Sie Zeit und Interesse, bekommen Sie meist nur Kurzinfos, um was es überhaupt geht. Bevor Sie jedoch das Drehangebot annehmen, empfehle ich Ihnen, sich als erstes die folgende Frage zu stellen: Lohnt sich der Aufwand, ist der Spaßfaktor vorhanden?

Zwei Beispiele für Jobangebote:

Job Nummer 1:

Befindet sich der Drehort 120 km von Ihrem Wohnort entfernt, beträgt die Gage nur 50,00 €, stehen kostenlose Parkplätze nicht zur Verfügung, werden die Fahrtkosten nicht erstattet und wird die Verpflegung nicht gestellt?

Job Nummer 2:

Der Drehort ist 120 km von Ihrem Wohnort entfernt, die Gage beträgt 80,00 €, Verpflegung wird gestellt, Parkplätze sind vorhanden, Fahrtkosten werden nicht übernommen.

Welchen Job würden Sie annehmen? Wenn Sie sich jetzt spontan für Job Nummer 2 entscheiden, dann haben Sie mein Anliegen verstanden und dürfen weiter lesen, ansonsten legen Sie das Buch zur Seite. Nehmen Sie nicht um jeden Preis jeden Job an!

Wichtig!

Wenn Sie einen Komparsenauftrag annehmen, muss sich die Agentur absolut auf Sie verlassen können. Pünktlichkeit, Disziplin und Höflichkeit sind die Voraussetzung für weitere Engagements. Nehmen Sie sich an diesem Tag nichts mehr vor. Denn bei einer Filmproduktion kann man nie genau sagen, wie lange die Dreharbeiten dauern werden oder wie lange man Sie am Set benötigt. Ein Drehtag dauert im Schnitt acht bis zehn Stunden, manchmal auch länger.

Müssen Sie kurzfristig, zum Beispiel wegen Krankheit, den Komparsenauftrag absagen, teilen Sie dies der Agentur oder am Drehtag der Produktionsfirma (Set Handy!) oder beiden bitte unverzüglich telefonisch mit. Sind Sie interessiert, bekommen Sie von der Agentur später, spätestens 24 Stunden vor dem Dreh, oder sofort alle wichtigen Informationen, die Sie für den Drehtag benötigen.

Da manchmal die Agenturen die eine oder andere wichtige Information vergessen, habe ich mir meine persönliche **Checkliste** zusammengestellt:

Checkliste Dreharbeiten

Datum	Wann wird gedreht?
Filmtitel	Für welchen Film wurde ich überhaupt gebucht? Um was geht es in diesem Film?
Ort	In welcher Stadt wird gedreht? Bei großen Städten kann die PLZ von Bedeutung sein!
Straße	Wie heißt die Straße?
Nähere Ortsangabe	Kaufhaus, Brücke, Krankenhaus, Bistro Park, Schwimmbad etc.?
Adresse Castingagentur	Wer hat mich überhaupt gebucht?
Telefon Castingagentur	Könnte bei Problemen vor Ort wichtig sein, wenn kein Komparsenbetreuer von der Agentur gestellt wurde.
Uhrzeit	Wann muss ich am Drehort sein?
Wenn Sie mit dem Auto anreisen (müssen)	Sind Parkplätze in der Nähe vorhanden? Muss ich dafür Gebühren entrichten? Werden diese übernommen?
Verpflegung	Muss ich mich selbst verpflegen?
Gage	Wie hoch ist diese?
Handynummer + Name des Ansprechpartners	Sehr wichtig! Sonst wird oft keine Gage gezahlt.
Sozialversicherungs-Nummer	Arbeitslose, Studenten, Schüler bitte entsprechende Unterlagen mitbringen.

Nehmen Sie die Liste mit zum Drehort, so haben Sie alle wichtigen Informationen immer dabei. Ein Handy zu besitzen, wäre übrigens sehr von Vorteil, da es sehr oft vorkommt, dass man über dieses mit Ihnen in Kontakt tritt.

Erläuterungen der Checkliste

Einige Punkte werden Ihnen sicher klar sein, ich gehe trotzdem noch einmal alle schrittweise mit Ihnen durch.

Datum

Für welchen Tag wurde ich gebucht?

Filmtitel

Wie heißt der Film / Staffel / Folge?
Einweisung in die Story geschieht meist später am Drehort.

Ort

Dürfte jedem klar sein.
Insbesondere in Großstädten sollte die PLZ bekannt sein, denn in Köln zum Beispiel gibt es mehrere Straßen mit gleichen Namen in unterschiedlichen PLZ-Bezirken.

Straße

Dürfte jedem klar sein.

Nähere Ortsangabe

Wo wird gedreht (Haus, Bar, Kaufhaus, Schwimmbad etc.)?

Adresse Castingagentur

Ist nicht unbedingt von Bedeutung.

Telefonnummer der Castingagentur

Wird von dieser kein Komparsenbetreuer am Drehort gestellt, könnte diese bei eventuellen Problemen von Nutzen sein.

Uhrzeit

Wann muss ich am Drehort sein?
Fahren Sie rechtzeitig los, kalkulieren Sie Staus und die Parkplatzsuche mit ein.

Parkplatz

Wenn Sie mit dem Auto anreisen, ist dies einer der wichtigsten Punkte in der Checkliste, die Sie abklären sollten! Insbesondere dann, wenn der Drehort sich in einer Großstadt befindet. Denn dort ist die Parkplatzsituation, wie jedem sicher bekannt, oft katastrophal. Ich denke, dass Sie weder Lust haben 30 Minuten zum Drehort zu laufen, noch alle paar Stunden den Parkscheinautomaten mit Geld zu füttern!
Sicher kann dies auch nicht im Interesse der Filmcrew sein, wenn Sie sich ständig vom Drehort entfernen. Erkundigen Sie sich also

vorab, wie die Parkplatzsituation vor Ort aussieht und ob man Parkgebühren entrichten muss.

Haben Sie keine Möglichkeit, einen kostenlosen Parkplatz in der Nähe oder am Drehort zu bekommen oder werden Ihnen die Parkgebühren nicht erstattet, dann sollten Sie den Job dankend ablehnen. Als Komparse tätig zu sein, heißt nicht, immer puren Idealismus an den Tag zu legen, also sich für einen Film aufzuopfern. Die Filmcrew hat in der Regel keine Probleme mit der Parkplatz Situation am Drehort. Für diese wird meist von der Produktionsfirma bei der Stadt eine Sondergenehmigung eingeholt. Diese ist jedoch gebührenpflichtig und belastet natürlich zusätzlich das Budget der Produktionsfirma. Die Höhe der Gebühr richtet sich, soweit mir bekannt, auch nach der abzusperrenden Fläche. Hier werden dann Halteverbotsschilder aufgestellt, oft mit dem Hinweis »Filmaufnahmen«. Die Anzahl der Stellplätze ist sicher sehr begrenzt und mir ist durchaus bewusst, dass man nicht für zum Beispiel zehn Komparsen Parkplätze zur Verfügung stellen kann. Klären Sie diesen Punkt also vorher ab! Wer freundlich nachfragt, hat eventuell Chancen, dass man ihm einen Parkplatz zur Verfügung stellt. Fahrtkosten, ob Anreise mit dem Auto oder öffentlichen Verkehrsmitteln, werden übrigens selten übernommen. Wenn doch, handelt es sich meist um einen freiwilligen Zusatzbonus der Filmproduktion. Hier würde der Betrag dann in der Regel zwischen 5,00 und −10,00 € liegen.

Verpflegung

Nähere Informationen finden Sie im Kapitel Verpflegung.

Gage

Nähere Informationen finden Sie im Kapitel Gage.

Handynummer und Name des Ansprechpartners

Sollten Sie aus irgendwelchen Gründen am Drehtag oder auf dem Weg zum Drehort plötzlich aufgehalten werden, zum Beispiel wegen einer Autopanne, einem Unfall, einer Krankheit oder weil die Autobahn gesperrt ist, dann melden Sie sich unverzüglich bei Ihrem Ansprechpartner, wenn abzusehen ist, dass Sie sich verspäten.

Sozialversicherungsnummer

Diese sollten Sie immer dabei haben, denn sonst bekommen Sie meist keine Gage ausbezahlt!

Was passiert, wenn Sie einen Komparsenauftrag angenommen haben?

Etwa ein bis zwei Tage vor dem Dreh wird sich jemand vom »Kostüm« (Garderobiere/Kostümbildnerin) mit Ihnen telefonisch in Verbindung setzen. Diese bespricht dann mit Ihnen, welche Garderobe Sie mitzubringen haben. Gelegentlich übernimmt diese Aufgabe auch die Castingagentur. Falls Sie die Kleidung zu stellen haben, sind Farben wie schwarz, weiß und rot sowie Muster, Streifen, Punkte und Karos eher unerwünscht. Besser sind gedeckte, dezente Farben. Garderobe mit Werbeaufschriften ist ebenfalls nicht erlaubt!

Wird die Kleidung von der Filmproduktion gestellt und hat sich Ihre Konfektionsgröße bis zum Drehbeginn geändert, sollten Sie dies dem Kostüm mitteilen, denn gelegentlich werden Kleider gekauft oder sogar extra angefertigt, die Ihnen dann nicht passen. Werden Sie vor den Dreharbeiten – was selten vorkommt – extra zu einer Kostümprobe bestellt, sieht der Tarifvertrag für Kleindarsteller (siehe Kapitel 6.2 »Gage – Sondervergütungen«) für diese

Extraanreise zwar eine Aufwandsentschädigung vor, der Tarifvertrag ist jedoch lediglich eine Richtlinie und die Filmproduktionen sind somit nicht verpflichtet, Ihnen hierfür etwas zu zahlen. Mir sind keine Komparsen bekannt, die schon einmal eine Aufwandsentschädigung für eine Kostümprobe erhalten hätten. Bisher wurde ich in den fast drei Jahren meiner Komparsentätigkeit nur einmal zu einer Kostümprobe bestellt. Da die Entfernung zum Ort der Kostümprobe unter 25 km lag, bin ich, ohne die Frage nach einer Aufwandsentschädigung zu stellen, zur Kostümprobe erschienen. Liegt die Örtlichkeit zur Kostümprobe weiter als 25 km entfernt und wird keine Aufwandsentschädigung zugesagt, würde ich die Extraanreise absagen, auch auf die Gefahr, den Komparsenauftrag damit zu verlieren. Wie Sie vorgehen, müssen Sie natürlich letztlich für sich selbst entscheiden.

8. Rund um den Drehort oder das Set

8.1 Allgemein

Bevor ich beginne, erkläre ich Ihnen kurz den Unterschied zwischen einem Drehort und dem Set. Ein Drehort ist zum Beispiel ein Hotel oder Schwimmbad, das Set ist der Bereich wo unmittelbar gedreht wird, zum Beispiel an der Rezeption oder dem Sprungturm. Am Drehort befindet sich die »Basis« des Filmteams.

Die Basis besteht aus:

- Catering (Verpflegung)
- Maskenmobil und Kostümwagen
- Stromwagen für das Licht
- Wohnwagen
- LKWs mit jeder Menge Equipment (Werkzeuge, Lampen, Kameraschienen etc.)
- Produktionsfahrzeuge
- Privatwagen

Ein Filmteam besteht aus etwa 30 bis 60 Personen. Bei Kinofilmen kommen oft weit über 100 Leute zusammen.

Ein Filmteam besteht aus:

- Regisseur, Regieassistent (rechte Hand vom Regisseur und am Set meist Ihr Ansprechpartner)
- Kameramann, Tontechniker, Beleuchter, Aufnahmeleiter
- Assistenten, Praktikanten, Helfershelfer, Produktionsfahrer
- Catering, Standfotograf

- Maske und Kostümbildnerin
- Evtl. Security oder Stuntleute

Sind Sie am Drehort eingetroffen, kann es trotz genauer Ortsangabe manchmal schwer sein, die »Basis« zu finden. Für eine Krimiserie zum Beispiel war als Drehort die Kulisse Schloss Bensberg angegeben. Gedreht werden sollte vor dem Haupteingang. Doch vom Filmteam war weit und breit nichts zu sehen. In diesen Fällen ist es wichtig – siehe persönliche Checkliste – die Nummer vom Set-Handy oder die vom Ansprechpartner zu kennen, sodass man die Örtlichkeit der »Basis« erfragen kann. Diese lag, wie ich erfuhr, im Hinterhof des Hotels. Ein Handy zu besitzen, ist also sehr von Vorteil! Bei einem anderen Dreh für eine Comedy-Serie war der Drehort ein Krankenhaus. Die Straße stimmte zwar, doch die »Basis« befand sich auf der Rückseite des Krankenhauses.

Drehort kann aber auch ein großes Filmgelände sein, wie zum Beispiel die Filmstudios in Babelsberg, die Bavaria Filmstudios in München oder die MMC Studios in Köln. Hier kann man sich schnell verlaufen, denn oft sind bis zu 15 Studios (= große Hallen) auf dem Filmgelände verteilt. Das Set wäre hier dann das Studio.

Haben Sie den Drehort, die »Basis«, gefunden, dann fragen Sie den Erstbesten, der Ihnen über den Weg läuft, wer für die Komparsenbetreuung zuständig ist, falls Name nicht bekannt und wo Sie die betreffende Person finden. Dies kann entweder die Assistenz des Set-Aufnahmeleiters sein oder ein Komparsenbetreuer, der von der Filmfirma oder von der Agentur gestellt wird.

Wie sollte eine gute Komparsenbetreuung aussehen?

- Empfang der Komparsen
- evtl. Einweisung in die Story
- Regeln am Set erklären
- Information über Spiel und Inszenierung
- Gagenauszahlung
- Getränke und kleine Verpflegung
- Small Talk
- Ansprechpartner bei Problemen und Fragen rund um das Filmbusiness

Oft irren die Komparsen – insbesondere Neulinge – am Drehort orientierungslos umher, fühlen sich wie Eindringlinge, sind schlecht informiert, aufgeregt und wissen nicht, was von Ihnen erwartet wird. Dies habe ich in Gesprächen immer wieder herausgehört. Wenn keiner unter den »alten Komparsen-Hasen« sich um die Neulinge kümmert und diese in die Welt der Komparserie und der ungeschriebenen Gesetze am Set einweiht, sind die neuen Komparsen oft auf sich allein gestellt und gehen irgendwann unter.

Einige Produktionsfirmen haben diese Problematik mittlerweile erkannt. Nur Komparsen, die optimal betreut, verpflegt und informiert sind, können ihre eigentliche Aufgabe auch wahrnehmen. Darüber hinaus sind sie auch höher motiviert als andere. Die Komparsenbetreuung ist also ein nicht zu unterschätzender Faktor. Sie werden diese Unterschiede in der Praxis selbst feststellen. Am Drehort ist oft ein Aufenthaltsraum vorhanden. Dies kann ein Raum oder auch ein Bus sein. Was wohl immer gleich bleibt, ist die Warterei. Bis man seinen »großen Auftritt« hat, können unter Umständen Stunden vergehen.

Praxisbeispiel:

Für einen Dreh in einem Einwohnermeldeamt waren etwa 25 Komparsen für 8:30 Uhr bestellt worden. Tragisch für mich war es, dass ich einer von denjenigen war, dessen Filmszene erst nach 9,5 Stunden Wartezeit an der Reihe war. Denn meine vom Regieassistenten zugewiesene Position (Beamter am Schreibtisch) lag so unglücklich, dass die Kamera mich in den vorherigen Filmszenen nicht erfasste. Dies hatte zur Folge, dass ich im Gegensatz zu den anderen Komparsen – deren Szenen waren nämlich abgedreht – noch gut eine Stunde länger am Drehort verbleiben musste. Erfreut war ich natürlich darüber nicht gerade. Vertreiben Sie sich die Zeit mit Lesen, Musik hören (nur mit Kopfhörer), Small Talk, Spielen, Pocket-PC und anderem. Wenn im Freien gedreht wird – auch Außendreh genannt – ist man oft in der Nähe vom Set und hat Gelegenheit, das bunte Treiben zu beobachten.

8.2 Kostüm, Garderobe und Maske

Nach dem Empfang durch die Komparsenbetreuung werden Sie wenig später das »Kostüm« (Garderobiere/Kostümbildnerin) kennen lernen. Von ihr bekommen Sie die von der Filmproduktion gestellte Garderobe oder sie begutachtet Ihre mitgebrachten Kleidungsstücke und entscheidet dann, was Sie davon anziehen sollen und was nicht zum »Einsatz« kommt. Entspricht Ihre Kleidung nicht den Anforderungen, hat das Kostüm mit Sicherheit das passende Outfit in ihrem »Kleiderschrank«. Bei allen Problemen rund um die Kleidung ist das Kostüm Ihr Ansprechpartner. Sie hilft Ihnen beim Anziehen, Krawatte binden oder näht bei Bedarf auch wieder einen Knopf an, der sich gelöst hat.

Wichtig!

Achten Sie bitte peinlichst darauf, dass die Kleidung beim Essen nicht beschmutzt wird, weder Ihre eigene noch die von der Filmproduktion. Kein Zuschauer möchte in der ersten Szene Ihre saubere weiße Hose sehen und in der nächsten einen großen Ketchupfleck.

Nach der Einkleidung lernen Sie meist noch die Maskenbildnerin kennen, auch »Maske« genannt. Beim Film hat die Maske mehrere Bedeutungen:

- Maskenbildnerin
- der Raum in dem geschminkt wird
- geschminktes Gesicht

Die Maskenbildnerin sorgt dafür, dass die Schauspieler und die Komparsen dem Drehbuch entsprechend geschminkt und frisiert sind. Insbesondere für die weiblichen Komparsen gilt daher: Schminken Sie sich erst gar nicht. Es kann sonst sein, dass Sie sich am Drehort wieder abschminken müssen. Wir Komparsen bekommen – wenn nötig – meist ein kleines Make-up (Puder) in der natürlichen Hautfarbe.

8.3 Spiel, Inszenierung und Ton

Allgemeine Regeln am Set

1. Handy ausschalten
2. Essen, Trinken und Rauchen verboten
3. NIE in die Kamera schauen (auch nicht durch die Kamera)
4. Sich nicht auf den Regiestuhl setzen
5. Den Regisseur nicht ansprechen
6. Grundsätzlich leise sein

Am Set, also da wo gedreht wird, ist meist der Regieassistent oder die Assistenz der Set-Aufnahmeleitung Ihr wichtigster Ansprechpartner. Von ihm werden Sie in der Regel am Set in Empfang genommen und in die Szene eingewiesen. Er erklärt Ihnen, was Sie zu tun, wann und wo Sie zu stehen haben.

Bevor gedreht wird, erfolgt die so genannte Stellprobe. Wo steht welcher Schauspieler und Komparse? Bewegungsabläufe werden festgelegt. Wo steht die Kamera am besten? Ist das Licht ausreichend? Was macht wer und wann? Wenn das geklärt ist, wird geprobt. Hier bekommt die Szene dann den letzten Feinschliff. Auf folgende Stichworte sollte man achten:

»Wir machen drehfertig«. Das Signal für alle, dass es nur noch einen kurzen Augenblick dauert, bis gedreht wird.

»Ruhe bitte, wir drehen«, »Kamera ab! Kamera läuft«, »Ton ab! Ton läuft«. Zum Schluss wird noch die Klappe zugeschlagen und dann sagt der Regisseur: »Und BITTE« oder »Los« oder »Action«. Das ist das allgemeine Signal für den Start der Spielszene, aber NICHT unbedingt das Signal für die Komparsen, sofort los zu spielen. Dafür gibt es extra Kommandos oder Handzeichen, die Ihnen Ihr Ansprechpartner am Set mitteilt.

Die Kommandos

1. Per Handzeichen

Die Regieassistenz gibt Ihnen ein Handzeichen, wenn Sie zum Beispiel loslaufen sollen

2. Text-Zeichen

Der Schauspieler xy ist an einer ganz bestimmten Stelle seines Textes angelangt, zum Beispiel wenn Schauspieler xy sagt: »Wir gehen morgen ins Kino«, gehen Sie zur Bar und betreiben Small Talk mit der Bardame.

Merke:

Wenn nichts anderes verlangt wird, werden Gespräche nur pantomimisch betrieben, das heißt, das Sprechen erfolgt ohne Ton, nur die Lippen dürfen bewegt werden.

3. Kettenreaktion

Sobald Komparsin Susi die Eisdiele betritt, stehen Sie auf und verlassen die Eisdiele.

4. Zählmethode

Sobald Schauspieler A aus dem Auto steigt, zählen Sie bis drei und gehen dann mit dem Kinderwagen die Straße entlang.

5. Funkgerät

Jedem auch als »Walkie Talkie« bekannt.
Per Funk kommt das entsprechende Signal, dass Sie spielen sollen.

Praxisbeispiel (»Alarm für Cobra 11«)

Mein Komparsenkollege und ich saßen in einem Polizeiauto. Über das Walkie Talkie bekamen wir die Anweisungen, wann wir losfahren sollten (siehe auch meinen Erfahrungsbericht dazu auf Seite 90). Sobald eine Szene beendet ist, sagt der Regisseur oder die Regieassistenz »Aus«, »Stopp«, »Cut« oder auch »Danke«.

Wichtig!

Merken Sie sich immer, wo Sie gestanden haben und welche Tätigkeit Sie dort ausgeübt haben oder welchen Gegenstand Sie in welcher Hand hatten. Damit sollen Anschlussfehler, auch Filmfehler genannt, vermieden werden.

In der Filmbranche gibt es Unmengen an Filmfehlern. Vom Flugzeug, das in einem historischen Film zu sehen ist, oder dem Dialog eines Schauspielers vor einem Auto mit einer offenen und in der nächsten Einstellung mit einer geschlossenen Türe, bis zu Komparsen, die gleichzeitig auf beiden Straßenseiten, je nach Kamerastellung zu sehen sind.

Beispiel eines Anschlussfehlers

Sie gehen mit dem Essenstablett (voller Teller) am Schauspieler A in der Kamerastellung B vorbei. Dann ist Mittagspause und die gleiche Szene wird noch einmal gedreht, diesmal allerdings in der Kamerastellung C. Wenn Sie jetzt mit einem Essenstablett und einem leeren Teller am Schauspieler A vorbei gehen würden, wäre dies ein Anschlussfehler. Scheuen Sie sich nicht zu sagen, dass Sie vorher einen vollen Teller hatten. Die Regieassistenz wird Ihnen für diesen Hinweis sicher dankbar sein.
Alles muss immer genauso getan und wiederholt werden, wie bei

der ersten Szene. Merken Sie sich daher Ihre Aktion genau. Sobald Sie hören »Alles auf Anfang«, nehmen Sie bitte Ihre alte Position wieder ein. Da jede Szene mehrmals hintereinander und aus verschiedenen Kamerablickwinkeln (Perspektiven) aufgenommen wird, dauern die Dreharbeiten oft einen ganzen Tag lang.

Dies geht natürlich am Filmteam wie auch an den Schauspielern und Komparsen nicht spurlos vorüber. Physisch wie auch psychisch ist so ein Drehtag oft sehr anstrengend. Denn wie die Schauspieler, müssen auch die Komparsen mitspielen und sich in der jeweiligen Szene angepasst bewegen und verhalten. Unnatürliche Bewegungsabläufe, ein Patzer beim Sprechen, falsches Timing oder eine falsche Position, führen unweigerlich zum Abbruch einer Szene und somit zur Wiederholung.
Sobald eine Szene aus einer anderen Perspektive gedreht werden soll, muss die gesamte Technik immer umgebaut werden. Dies dauert im Schnitt 15 bis 30 Minuten oder auch schon mal länger. Alle, die nicht unmittelbar mit dem Umbau zu tun haben, müssen dann das Set verlassen. Man hört dann immer den Satz: »Bitte das Set frei machen«. Sobald eine Szene abgedreht ist, hört man oft: »Die Szene ist gestorben«. Szenen für einen Film, werden übrigens nicht in der Reihenfolge abgedreht, wie sie später im Film zu sehen sind.

Ton

Befinden Sie sich in der Nähe vom Set, dann sollten Sie Folgendes bitte unbedingt beachten: Die Mikrofone für die Tonbandaufnahmen sind hochempfindlich und jedes kleinste Geräusch, wie zum Beispiel das Umblättern einer Zeitung, kann dazu führen, dass eine Szene abgebrochen werden muss. Also: Grundsätzlich immer leise sein, sobald gedreht wird. Stichwort: »Achtung wir drehen.« Nach dem Dreh erfolgt der so genannte NURTON, bei dem nur der Ton (Geräusche) aufgenommen wird, aber kein Bild mehr.

Praxisbeispiel Kneipe: Hier wird jetzt nicht mehr gedreht, sondern es werden nur die typischen Geräusche aufgenommen, die die Komparsen z.B. durch Small Talk, Gläser anstoßen, ect. verursachen.

Die Dispo oder: der Tagesdrehplan

Damit so ein Drehtag reibungslos über die Bühne geht, gibt es die Dispo, auch Tagesdrehplan genannt. Die Dispo ist ein DIN A4-Zettel, auf dem alle für den Drehtag wichtigen Informationen vorhanden sind. Komparsen bekommen diesen selten ausgehändigt; eigentlich fast gar nicht. Er ist meist nur für Teammitglieder bestimmt. So sieht in etwa ein Tagesdrehplan aus:

Set: Hier kommen alle Namen hin, die am Set zu finden sind (Technik, Beleuchter, Maske, Kostüm etc.).

Darsteller: Alle Darsteller, namentlich aufgeführt.

Produktionsfirma;	Die Dicken Partner	Redaktion
Schönheitsfilm	Folge: 5 Pizzamord	Produzent
Musterstr.33		Regie
7777 München I		Kamera

06. Drehtag	Freitag den 22.3.05		
Drehort:	Arbeitsbeginn am Set		
	Regie:	09:00	Uhr
	Kamera:	08:45	Uhr
	Ton:	08:45	Uhr
	Licht:	08:00	Uhr
	Maske:	07:30	Uhr
	SFX (für Pistole):	09:15	Uhr
	Set-AL (Aufnahmeleiter):	08:45	Uhr
	Catering:	07:30	Uhr
	Mittagspause:	13:00	Uhr
	Probe:	09:30	Uhr
	Drehbeginn:	10:00	Uhr
	Drehschluss:	18:00	Uhr

Catering:	4 Schauspieler, 8 Komparsen, Set 17
Wetter:	Sonne scheint, blauer Himmel, 25 Grad
Krankenhaus:	St. Anna Musterstrasse etc.

Bild	2. Tag	Motiv	Rollen	Kompar-sen	Technik
2		Pizzeria	Angelo, Pico Bernd	5 als Gäste	
3		Kühlhaus	Angelo fin- det Pico tot im Kühlhaus		SFX Pistole Maske
4		Pizzeria	Bernd, Angelo, Kommisare	5 als Gäste	

9. Wann sehe ich mich im TV?

Der Drehtag ist beendet, man hat seine Gage und nun möchte man natürlich wissen, wann der Film ausgestrahlt wird. Machen Sie sich bitte nicht zu viele Hoffnungen, denn mehr als fünf Sekunden sind Sie im Film meist nicht zu sehen.

Fünf Sekunden Ruhm im Schatten der Großen.

Wenn man sich überhaupt im Film sieht. Denn die Filmszenen wechseln manchmal so schnell, dass Sie in der Masse womöglich nicht zu erkennen sind. Sie füllen ja sozusagen nur das Bild. Es ist auch schon oft vorgekommen, dass Szenen gekürzt oder sogar ganz herausgeschnitten wurden. Spielen Sie in einer Comedy-Serie mit, in der alle paar Minuten ein neuer Sketch zu sehen ist, wird es noch schwieriger zu wissen, wann die Folge gezeigt wird. Bevor ein Film ausgestrahlt wird, vergehen meist drei bis fünfzehn Monate. In der Regel können Sie sich auf mindestens sechs Monate einstellen. Als Komparse müssen Sie also selbst Augen und Ohren offen halten, wann »Ihr« Film gesendet wird.

10. Die Gage

Träumen Sie auch von einer zig-Millionen-Dollar-Gage, wie sie z.B. Julia Roberts, Tom Cruise, Jodie Foster oder Tom Hanks bekommen? Dann sind Sie einer von vielen! Derartige Gagen bleiben selbst für Schauspieler hierzulande meist ein Traum. Wer also davon träumt, als Komparse reich zu werden, oder glaubt, seinen Lebensunterhalt damit verdienen zu können, dessen Seifenblase ist spätestens jetzt geplatzt. Die Tagesgage eines Komparsen beträgt meist zwischen 50,00 bis 60,00 €. Höhere Summen sind selten! Bei einem Acht- bis Zehn-Stunden-Drehtag, ergibt sich daraus also ein Stundenlohn zwischen 5,00 – 7,50 €. Denken Sie bitte daran, dass Sie nicht mehr als 400 € im Monat steuerfrei dazu verdienen dürfen. Alles darüber ist steuerpflichtig. Gibt es einen Tarifvertrag für Komparsen? Ja, es gibt einen. Aber nur auf dem Papier! Und es gibt noch immer sehr viele Komparsen, die nicht einmal von seiner Existenz wissen. Der Allgemeine Tarifvertrag für Film- und Fernsehschaffende wurde **abgeschlossen zwischen dem:**

Bundesverband Deutscher Fernsehproduzenten e.V.;
Arbeitsgemeinschaft Neuer Deutscher Spielfilmproduzenten e.V.;
Verband Deutscher Spielfilmproduzenten e.V.;
IG Medien Druck und Papier, Publizistik und Kunst;
DAG Deutschen Angestellten-Gewerkschaft – Berufsgruppe Kunst und Medien.

Er besteht aus drei Teilen:

- Manteltarifvertrag
- Gagentarifvertrag
- Kleindarstellertarifvertrag (Richtlinie für die Komparsen)

Wichtig zu wissen:

Ich möchte ausdrücklich darauf hinweisen, dass der Tarifvertrag für Kleindarsteller lediglich eine Richtlinie darstellt (Quelle: Medienjobs, Verdi, IG Medien).

Was ich damit sagen will: Dieser Vertrag ist für die Filmproduktionen nicht bindend und weicht meistens - je nach Produktion – mehr oder weniger von der Realität ab. Wer als Komparse zu sehr auf den Tarifvertrag pocht, läuft Gefahr, nicht mehr vermittelt zu werden.

Nun folgt der Tarifvertrag für Kleindarsteller in voller Länge:

III. Tarifvertrag für Kleindarsteller, gültig ab 1. Mai 2000.

Abgeschlossen zwischen dem:
Bundesverband Deutscher Fernsehproduzenten e.V.;
Arbeitsgemeinschaft Neuer Deutscher Spielfilmproduzenten e.V.;
Verband Deutscher Spielfilmproduzenten e.V.;
IG Medien Druck und Papier, Publizistik und Kunst;
DAG Deutschen Angestellten-Gewerkschaft – Berufsgruppe Kunst und Medien.

1. Geltungsbereich
1.1 Kleindarsteller gelten als Film- und Fernsehschaffende im Sinne dieses Tarifvertrages.
1.2 Kleindarsteller sind Film- und Fernsehschaffende, deren darstellerische Mitwirkung die filmische Handlung nicht wesentlich trägt und die ihr kein eigenpersönliches Gepräge gibt.

2. Allgemeine Regelungen
2.1 Kleindarsteller-Engagements können durch Beauftragte einer Filmproduktion mündlich (z.B. telefonisch) abgeschlos-

sen werden. Auf eine schriftliche Bestätigung kann verzichtet werden.

2.2 Kleindarsteller haben bei Verlegung des Beginns der Vertragsdauer Anspruch auf das vereinbarte Honorar, wenn ihnen die Verlegung nicht mindestens 24 Stunden vor vereinbarter Arbeitsaufnahme bekannt gegeben wird.

2.3 Für Kleindarsteller, die zu Aufnahmen außerhalb des Bereichs öffentlicher Verkehrsmittel verpflichtet werden, gilt die Zeit der An- und Abreise vom Endpunkt öffentlicher Verkehrsmittel zum bzw. vom Aufnahmeort als Arbeitszeit.

2.4 Sofern bei Beendigung der Dreharbeiten öffentliche Verkehrsmittel die Heimfahrt nicht ermöglichen, hat der Filmhersteller auf seine Kosten für die Heimbeförderung der Kleindarsteller zu sorgen.

2.5 Wird nach Beendigung der normalen Arbeitszeit durch Abschminken, Kostümabgabe oder Gagenzahlung ohne Verschulden des Kleindarstellers eine weitere Stunde überschritten, so ist jede weitere angefangene Stunde als Mehrarbeit zu vergüten.

3. Produktionsdeligierter

3.1 Werden an einem Aufnahmetag mehr als fünfzig Kleindarsteller zugleich beschäftigt, so ist zusätzlich ein Kleindarsteller als »Produktionsdelegierter« einzusetzen. Der Produktionsdelegierte ist Vertrauensmann der Kleindarsteller im Auftrag der vertragsschließenden Gewerkschaften. Er ist beauftragt, den ordnungsgemäßen Arbeitsablauf zwischen Produktion und Kleindarstellern zu gewährleisten und bei der Abrechnung mitzuhelfen.

3.2 Der Produktionsdelegierte ist von der Tätigkeit als Kleindarsteller freigestellt. Als Vergütung erhält er die gleiche Gage, die dem höchstbezahlten Kleindarsteller – einschließlich eventueller Zuschläge für Mehr-, Nacht-, Sonn- und Feiertagsarbeit gemäß TZ 5.3 – zusteht.

3.3 Zuschläge und Sondervergütungen nach TZ 5 und 6 bleiben hierbei außer Acht.

4. Gagenregelungen

4.1 Der Kleindarsteller erhält je achteinhalbstündigem Einsatztag, unabhängig davon, ob er in eigener oder von der Produktion gestellter Kleidung auftritt, eine Tagesgage in Höhe von € 86,92.

Beträgt der Einsatz lediglich bis zu 6,5 Stunden, so erhält der Kleindarsteller je sechseinhalbstündigen Einsatztag, unabhängig davon, ob er in eigener oder von der Produktion gestellter Kleidung auftritt, eine Tagesgage in Höhe € 65,45.

4.2 Mit der Tagesgage sind alle Leistungen des Kleindarstellers abgegolten, die er innerhalb der Filmhandlung nach Weisung der Regie erbringen muss, soweit sie für den Spielverlauf erforderlich sind und über den Rahmen der allgemeinen Mitwirkung von Kleindarstellern nicht hinausgehen.

4.3 Den Weisungen der Produktion hinsichtlich seiner Kleidung, eventuell verlangtem Zubehör und seiner Mitwirkung im Film hat der Kleindarsteller Folge zu leisten.

4.4 Bei Kleindarstellern dürfen Pauschalgagen bis zu einer Woche die Tarifvertraglich vereinbarten Tagesgagen nicht unterschreiten. Bei Ausschließlichkeitsverpflichtung von Kleindarstellern ab einer Woche gegen Tagesgage besteht Anspruch auf mindesten vier Tagesgagen pro Woche.

4.5 Die Honorarabrechnung für Kleindarsteller erfolgt entweder über Gagenschein – wobei die einbehaltene Lohnsteuer und eventuelle Sozialabgaben nach den gesetzlichen Bestimmungen bescheinigt werden – oder aufgrund einer Gagenliste.

Wird aufgrund einer Gagenliste abgerechnet, so trägt der Arbeitgeber die Lohnsteuer (Lohnsteuer-Pauschalisierung).

4.6 Der Filmhersteller ist verpflichtet, dem Kleindarsteller täglich seine Gage auszuzahlen. Die Auszahlung soll grundsätzlich am Drehort erfolgen.

Kommentar:

In 99,99 % der Fälle, wird die Gage vor Ort am Ende des Drehtages bar ausbezahlt.

Tipp:

Lassen Sie sich nicht auf eine Überweisung ein. Manch einer wartet noch heute auf sein Geld!

Ablauf der Auszahlung!

Bevor man seine Nettogage bar ausbezahlt bekommt, muss man vorher einen Komparsenschein ausfüllen. Hier sind neben Ihren persönlichen Daten auch die Krankenkasse und falls Sie in einem Beschäftigungsverhältnis stehen auch der Arbeitgeber zu nennen. Wer eine Sozialversicherungsnummer hat, der sollte diese immer dabei haben. Bei vielen Produktionen gibt es sonst keine Gage.

5. Zuschläge

5.1   Für besondere Aufwendungen und Leistungen des Kleindarstellers sind zur Tagesgage Zuschläge zu zahlen.

5.1.1 Bei Mitwirkung in eigener gepflegter Gesellschaftskleidung, z.B. Gehrock, Cutaway, Frack, Stresemann, Abendkleid, Cocktailkleid, Pelzmantel, Pelzstola: € 23,-.

Kommentar:

Mitwirkende einer Hochzeitsgesellschaft haben nur die Tagesgage erhalten. Zuschläge wurden nicht gezahlt.

5.1.2 Wenn sich der Kleindarsteller in einer nicht der Jahreszeit entsprechenden Kleidung länger als nur vorübergehend im Freien aufhalten muss: € 30,68.

Dazu folgendes Erlebnis aus November 2003 – Dreharbeiten für einen Fantasiefilm

In einer großen Lagerhalle in Duisburg wurde ein etwa 4 × 5 Meter großer Operationssaal für einen Dreh nachgebaut. Die Temperatur lag bei etwa +5°C. Wir saßen als OP-Pfleger bekleidet (kürzärmlig) teilweise 15 bis 45 Minuten in diesem Nachbau. Zusammengerechnet waren dies bis zu zwei Stunden. Ein Zuschlag nach 5.1.2 wurde nicht bezahlt, wohl aber der Nachtzuschlag 5.3. Die Agentur hatte mir Einzelheiten zu dieser Rolle leider verschwiegen.

Tipp:

Denken Sie an die Checkliste einige Kapitel zuvor: Nicht sofort und um jeden Preis jeden Job annehmen.

5.1.3 Werden vom Kleindarsteller über die in TZ 1.2 (persönlicher Geltungsbereich) bezeichneten Aufgaben hinaus eigenpersönliche Leistungen verlangt, wie z.B. Einzeldarstellung besonderer Typen oder Charaktere, kleinere Sprechrollen u.ä.: € 33,23.

Kommentar:

Eine Extragage für eine kleine Sprechrolle (ein paar Wörter) wird selten gezahlt.

5.2 Werden bei Dreharbeiten oder Proben eigene Sachen des Kleindarstellers beschmutzt oder beschädigt, so haftet der Filmhersteller für den Schaden.

5.3 Mehrarbeitszuschläge über die vereinbarte Arbeitszeit gemäß TZ 4.1 hinaus wie Nacht-, Sonn- und Feiertagszuschläge richten sich nach dem Manteltarifvertrag TZ 5.4-5.7.

6. Sondervergütungen

6.1 Wird ein Kleindarsteller namentlich aufgefordert, sich für eine eventuelle Engagements Verpflichtung persönlich vorzustellen, so erhält er – unabhängig davon, ob ein Engagement zustande kommt oder nicht – eine Aufwandsentschädigung von € 12,59.

6.2 Wird ein Kleindarsteller an einem Tag vor Beginn der Dreharbeiten gesondert zur Einkleidung oder Kostümprobe an den Drehort oder an einen anderen Ort bestellt, so erhält er eine Aufwandsentschädigung von € 12,59.

7. Pauschalbesteuerung

Bei Pauschalbesteuerung von Kleindarstellern nach Finanzamtslisten reduzieren sich die Gagen der TZ 4 bis einschließlich 5.3.1 um jeweils 20 %.

Leider ist der Tarifvertrag nur eine Richtlinie. Da auch meist kein schriftlicher Vertrag zustande kommt, hat man als Komparse auch keinen Anspruch auf Einhaltung eines Vertrages. Jeder Komparse wünscht sich natürlich, dass die Filmproduktionen sich an diesen halten. Ich denke, dass ich hier im Namen aller gesprochen habe!

11. Die Verpflegung

Die Verpflegung gibt es meist umsonst. Bei jedem Dreh gibt es in der Regel das so genannte Catering, eine Art »Imbisswagen« der gehobenen Klasse. Currywurst oder Schaschlik finden Sie hier nicht. Das Angebot ist oft reichlich und das Essen schmeckt meist sehr gut. Sie bekommen belegte Brötchen, Croissants, Obst, Joghurts, Kekse, Rührei mit Speck, kleine Würstchen, Haferflocken, Müsli und sogar komplette Gerichte, die in der Mittagspause zu haben sind. Obwohl der Begriff »Mittagspause« nicht immer ganz zutrifft, denn bei einem Abenddreh kann diese auch um 22:00 Uhr stattfinden.

In der Regel hat man zwei Gerichte zur Auswahl, die kombinierbar sind. Da gibt es zum Beispiel Gemüse, Nudeln, Reis, Kartoffeln, Hähnchen, Roll- oder Spießbraten, Salate und natürlich Nachtisch. An Getränken kann man wählen zwischen Kaffee, Tee, Wasser, Säften, Milch und Cola. Kleine Snacks wie Pizzas, belegte Brötchen oder auch Kuchen sind oft als »Zwischenmahlzeit« im Angebot. Die Vielfalt der Verpflegung hängt oft von der jeweiligen Produktion und deren Budget ab. In ganz seltenen Fällen kommt es schon mal vor, dass dem Komparsen ein Essen vorenthalten wird (etwa bei 5 % der Filmproduktionen) und nur die Filmcrew eine warme Mahlzeit erhält. Hier wird dem Komparsen dann ein reichhaltiges Brötchenbuffet angeboten.

Es kann auch schon einmal passieren, dass man als Komparse nur ein »kleines« Süppchen oder Nudeln mit Ketchup bekommt, wobei sich die Filmcrew dann am »gehobenen« Menü bedienen darf. Informieren Sie sich am besten vorab bei Ihrer Agentur, ob Sie vor Ort verpflegt werden.

Meine Tipps:

Nehmen Sie sich vorsichtshalber etwas zu trinken und einen kleinen Snack als Notration mit zum Dreh. Vorsicht ist besser als Nachsicht. Ich spreche da aus Erfahrung! Folgendes Szenario ist einmal passiert: Bei einem Dreh auf einem Flughafen haben Komparsen damit gedroht, nach Hause zu gehen, falls der Filmhersteller kein warmes Essen besorgte. Die Produktion musste nachgeben, denn der Ausfall des Drehtages hätte weitaus mehr gekostet, als rund 20 Komparsen mit dem Essen einer amerikanischen Fastfood-Kette zu beköstigen.

Zum Glück gibt es viele Crewmitglieder, die es für selbstverständlich halten, dass sich auch Komparsen am Menü der Crew bedienen dürfen. Schließlich sind sie ein Teil vom Film und genauso wichtig wie jedes andere Crewmitglied. Ich habe es schon mal erlebt, dass einige Crewmitglieder von uns Komparsen gefragt werden wollten, ob wir uns bedienen dürfen. Wie war das doch gleich? Ohne Komparsen können viele Szenen nicht gedreht werden und somit auch kein Film. Wir Komparsen bestreiten unseren Lebensunterhalt in der Regel nicht mit dem Drehen von Filmen, die Crewmitglieder aber schon. Ich denke, dass meine Ansichten einigen nicht gefallen werden. Aber dieses Buch habe ich ja auch nicht für Filmfirmen geschrieben, sondern für Komparsen und alle, die es werden wollen.

In der Regel ist die Verpflegung aber wirklich TOP! An dieser Stelle auch einmal ein großes Lob an die Produktionen und die vielen Catering-Unternehmen, die sich oft sehr viel Mühe machen, um die Filmcrew mit Essen zu versorgen!

Wichtig!

Wenn es heißt »Mittagspause«, ist es meist üblich, dass die »eigentliche« Filmcrew als erstes zum Essen geht und danach die Komparsen. Das hat seinen Grund! Denn während wir am Essen sind, kann die Filmcrew mit den Umbauten am Set fortfahren. Also nicht sofort drauf los stürmen, sondern abwarten. Gehen alle gleichzeitig zum Essen und sitzen gemeinsam an einem Tisch, bekommt man oft interessante Gespräche mit. Zum Beispiel wenn Sie mit FX-Spezialisten an einem Tisch sitzen und diese davon berichten, wie so manche Spezialeffekte entstehen. So bekommen Sie oft tiefe Einblicke in die Trickkiste der Filmhersteller.

12. Erfahrungsberichte

12.1 Vorwort

Durch die Kombination meiner Erfahrungsberichte mit dem Wissen aus den vorherigen Kapiteln bekommen Sie einen praktischen Einblick in die Welt der Komparsen. Sie erfahren, wie ich die Dreharbeiten erlebt und empfunden habe und bekommen eine Vorstellung davon, wie so ein Drehtag aussehen kann.

Die Erfahrungsberichte:

1 »Crazy Race« – Mein erster Job als Komparse
2. »SK Kölsch« – »Der Tag an dem Marcel Pracht starb«
3. »Alarm für Cobra 11«
4. »Lady Cracher«
5. »Der freie Wille« (Low Budget-Film)

Meine Erfahrungen – insbesondere bei »SK Kölsch« – haben Spuren hinterlassen und zeigen Ihnen, in welche nicht ganz alltäglichen Lagen ein Komparse kommen kann. Kochen Sie sich eine Tasse Kaffe oder einen Tee, lehnen Sie sich zurück und tauchen Sie ein in eine für Sie – noch – unbekannte Welt.

12.2 Crazy Race

Meine ersten Erfahrungen als Komparse habe ich in dem Spielfilm »Crazy Race« gemacht. Ein Film über ein illegales Autorennen mit Christian Tramitz, Dirk Bach, Dolly Buster, Ingolf Lück und viele andere mehr. Gedreht wurde im Ruhrgebiet, unter anderem in Essen, Mülheim und Duisburg. Etwa vier Wochen vor Drehbeginn las ich zufällig in der Zeitung, dass Komparsen für einen Spielfilm gesucht werden. Das Casting fand noch am gleichen Tag statt und für mich stand sofort fest: Da gehe ich hin. An die Tür der besagten Adresse war ein Zettel geheftet. Den genauen Wortlaut kann ich nicht mehr wiedergeben, aber die Zeitung hatte eine falsche Hausnummer abgedruckt. Die Mieter in dem Haus waren mittlerweile sichtlich genervt, was ich auch verstehen konnte. Die korrekte Hausnummer führte mich dann etwa einen Kilometer weiter zu einem großen Büropark. Nach etwa zehn Minuten Suche hatte ich schließlich das richtige Gebäude gefunden. Da stand ich dann, in der Eingangshalle eines großen Bürogebäudes und mit Ameisen im Bauch. Aber wo war das Casting? Wo die vielen Bewerber? Außer mir befanden sich in der Eingangshalle nur der Pförtner und zwei Frauen, die sich an einem Tisch unterhielten. Ich dachte, dass auch diese Adresse falsch sei. Denn nirgends war ein Hinweis zu sehen, der darauf deutete, dass hier ein Casting stattfinden würde.

Enttäuscht wollte ich schon wieder gehen, als mich eine der beiden Frauen ansprach: »Möchtest du zum Casting?« Wir kamen ins Gespräch und ich wusste nun, dass ich hier richtig war. Man erklärte mir, dass es sehr ungewöhnlich sei, dass die Anzahl an Bewerbern so gering ist. Vielleicht mag dies auch an der Uhrzeit gelegen haben. Wir hatten es 10:00 Uhr morgens und es war Mittwoch. Viele Castings finden am Wochenende oder abends statt. Ich war ziemlich nervös, muss ich gestehen, denn ich wusste ja nicht, was mich so erwartet. Ich erfuhr, um was es in dem Film geht, wo dieser gedreht wird und welche Funktion meine Gesprächspartnerin hatte. Sie war die Komparsenbetreuerin und hatte die Aufgabe, die Komparsen, die für den Film benötigt werden, auszusuchen. Dann bekam ich einen Fragebogen (Vita – wie im Kapitel »Casting« bereits erwähnt) ausgehändigt. Nachdem ich diesen ausgefüllt hatte, wurden noch schnell zwei Fotos von mir gemacht. Mittlerweile hatten sich doch noch einige Interessenten eingefunden. Das Casting war für mich nun beendet, es hatte nicht länger als 20 Minuten gedauert. Ob es zu einer Vermittlung kommt, konnte mir nicht gesagt werden, bei Interesse würde man sich melden.

4 Wochen später

Es war ein Donnerstag und mein erster freier Tag von insgesamt acht. Das Wetter war super, blauer Himmel und 30°C. Ich hatte das Casting schon längst vergessen und mir ehrlich gesagt auch keine allzu großen Hoffnungen gemacht, als mein Handy klingelte. Es war die Komparsenbetreuerin von dem Casting. Zu diesem Zeitpunkt befand ich mich in einem großen Einkaufszentrum in Oberhausen. Der Empfang dort war jedoch so schlecht, dass die Verbindung unterbrochen wurde. Innerlich fluchte ich und mein erster Gedanke war natürlich, ob sie noch einmal anruft. Und wenn sie nicht mehr anruft, was dann?

Ich verließ das Kaufhaus umgehend und zum Glück wurde die Nummer übermittelt, sodass ich die Möglichkeit hatte, zurückzurufen. Die Komparsenbetreuerin fragte mich, ob ich Zeit und Lust hätte, heute Abend um 18:30 Uhr bei »Crazy Race« mitzuspielen. Ohne zu zögern sagte ich sofort zu! Wie Sie sich sicher vorstellen können, war ich ziemlich aus dem Häuschen. Ich freute mich riesig über diesen Job und war total gespannt und neugierig, was ich alles an dem Abend erleben würde. Zum Glück hatte ich Papier und Stift zur Hand, sodass ich mir alle wichtigen Informationen sofort notieren konnte. Ich schaute auf die Uhr, es war bereits 16:00 Uhr.

Mein Traum ging in Erfüllung. Ich bekam endlich die Gelegenheit, einen Blick hinter die Kulissen eines Filmes zu werfen, Schauspieler zu treffen, hautnah dabei zu sein. Die Vorstellung, in einem Film mitspielen zu dürfen, war (ist) schon etwas Besonderes. Meine Aufregung kompensierte ich, indem ich einige Freunde und meine

Eltern anrief und Ihnen von dem Komparsenjob erzählte. Mittlerweile war ich zu Hause angekommen um meine Sachen zu packen. Ich sollte Sportschuhe mitbringen.

Dass ich nach Hause fand, ohne mich zu verfahren, war schon verwunderlich. Viel zu früh und mit Herzklopfen machte ich mich schließlich auf den Weg zum Drehort, denn ich hielt es zu Hause nicht mehr aus. Drehort war Duisburg, ein ehemaliges Kasernengelände. Die Einfahrt zur Kaserne wie auch das Gelände selbst wurden durch einen Sicherheitsdienst bewacht. Unbefugte Personen hatten so gut wie keine Chance, sich unbemerkt auf dem Gelände aufzuhalten, denn die Sicherheitsleute kannten fast jeden aus dem Filmteam. Zum Glück kannte ich den Namen der Komparsenbetreuerin und so wurde ich durchgelassen. »Die Basis ist weiter unten und dann rechts«, so der Sicherheitsdienst. Die »Basis«? Meine hochgezogenen Augenbrauen waren wohl nicht zu übersehen und signalisierten dem Mann von der Security, dass ich neu sein musste in der Filmfamilie. Wie Recht er hatte!

Wie Sie bereits aus dem Kapitel »Rund um den Drehort« wissen, ist die »Basis« der Treffpunkt aller aus dem Filmteam. Und hier standen sie dann auch, private Autos, Cateringwagen, Toilettenwagen, Maskenmobil, Produktionsfahrzeuge, Wohnmobil, LKWs mit allem möglichen Material wie Lampen, Schienen und Stangen. Ich stellte meinen Pkw irgendwo ab, wo ich glaubte niemanden damit zu behindern, und näherte mich dem unbekannten Objekt »Basis«. Den Erstbesten, der mir über den Weg lief, fragte ich, wo ich denn die Komparsenbetreuerin finden würde. Doch diese war, wie so viele andere von der Filmcrew, noch gar nicht anwesend. Denn zwölf Stunden vorher – also morgens um 6:00 Uhr – war hier noch fleißig gedreht worden. Viel Schlaf hatte die Filmcrew also nicht gerade gehabt. Gegen 19:00 Uhr traf dann auch die Komparsenbetreuerin ein. In meinem Kopf schwirrten jede Menge Fragen. Wann geht es los? Wo wird gedreht? Welche Aufgabe habe ich? Was muss ich beachten? Wer ist der Regisseur? Wer hat mir etwas zu sagen? Ich wollte der Komparsenbetreuerin nicht auf den Wecker fallen. Irgendwie scheute ich mich, sie mit meinen vielen Fragen zu bombardieren. Einen Aufenthaltsraum gab es nicht. Wir hielten uns zum größten Teil in der Nähe vom Cateringwagen auf. Informationen, wann es losgeht und so weiter, gab es auch nicht. Plötzlich war die Komparsenbetreuerin wie vom Erdboden verschwunden. Ich irrte orientierungslos auf dem Gelände herum und war wohl zu diesem Zeitpunkt der einsamste Komparse auf der Welt. Zwischen meinem Pkw und dem Cateringwagen kannte ich mittlerweile jeden Stein. Wer sind denn die drei Männer, die sich da unterhalten? Komparsen? Sollte ich die ansprechen? Ich war froh, es nicht getan zu haben! Denn es waren der Regisseur, sein Assistent und der Kameramann. Plötzlich war sie wieder da und teilte mir mit, ich solle mich doch bitte umziehen gehen. So schnell, wie sie aufgetaucht war, war sie auch wieder verschwunden.

Mir wurde weder mitgeteilt, wo noch was ich anziehen sollte. Die Komparsenbetreuung war nach meinen heutigen Kenntnissen nicht gerade der Hit. Fast gleichzeitig trafen andere Komparsenkollegen ein und mein Gesichtsausdruck muss wohl Bände gesprochen haben. Ich war als Komparsenneuling enttarnt worden. Den Kostümwagen fand ich nun durch Hilfe auf Anhieb. Wären meine Komparsen-Kollegen damals nicht gewesen, würden Sie heute wahrscheinlich dieses Buch nicht in Ihren Händen halten.

Nach weniger als 15 Minuten war ich umgezogen. Mein »Kostüm« war ein total dämlich aussehender blauer Jogginganzug. Ich sah darin nicht nur dämlich aus, sondern sollte wohl auch so wirken. Dann war es endlich soweit und ich wurde mit einem anderen Komparsen zum Set gebracht. Mittlerweile war es bereits 20:45 Uhr. Ich sollte einen Fahnenschwenker spielen, der bei jedem Auto, das an ihm vorbeifährt, die Fahne schwenkt, wie bei einem großen Autorennen. Meine unnatürlichen Bewegungsabläufe erkannte die Filmcrew natürlich sofort. Nach einer kleinen Einführung in die Kunst des Fahnenschwenkens durch den Regieassistenten und einigen Probedurchläufen konnte endlich gedreht werden. Jeder Autofahrer hatte ein Walkie Talkie. »Achtung, wir drehen«, rief der Aufnahmeleiter. Die Motoren wurden angelassen. »Und Action«, rief der Regisseur. Die Kamera lief und die Autos fuhren los. Bei jedem Auto, das an mir vorbeifuhr, schwenkte ich die Fahne. Die Szene war nach etwa acht bis zehn Durchläufen abgedreht. Das dauerte natürlich seine Zeit, da alle Autos immer wieder zum »Startpunkt« zurückfahren mussten. Im Film sollte diese Szene nur den Zwischenstopp des Autorennens darstellen. Zu sehen bin ich vielleicht maximal sechs Sekunden lang, und das auch nur von hinten.

Die Szene war abgedreht und ich konnte mich umziehen gehen. Ich war enttäuscht. Das war alles? Ich wollte doch noch viel mehr sehen. Ich zog mich um und plötzlich hieß es, Kommando zurück. Also zog ich mir wieder diesen Jogginganzug an, doch gebraucht wurde ich erstmal nicht, und wann, konnte man mir auch keiner sagen. Dann hieß es »Mittagspause«. Die Uhr zeigte 22:30 Uhr. Das Catering hatte für die gesamte Filmcrew gekocht. Wir Komparsen durften uns zuletzt bedienen. Im Angebot gab es Fleisch, Kartoffeln, Reis, verschiedene Gemüse, Salate und Nachtisch. Getränke gab es natürlich auch, Säfte, Cola, Wasser und Tee durfte man sich nehmen. Die Verpflegung war wirklich gut. Die Pause dauerte für die Filmcrew etwa 30 Minuten. Mittlerweile war es dunkel geworden. Auf dem Gelände – nicht weit von meiner Fahnenszene – weckte ein riesengroßer leuchtender Ballon meine Neugierde. Dieser leuchtete nämlich das nächste Motiv aus und sollte wohl den Mond darstellen.

Fast die gesamte Filmcrew war hier zu finden. Regisseur, Ton, Maske, Beleuchter – alle waren hier versammelt. Diskret und leise näherte ich mich dem Geschehen. Ich betrat für mich absolutes Neuland. Wann hat man schon die Gelegenheit, bei der Entstehung eines Filmes hautnah dabei zu sein? Mit großem Interesse – natürlich immer noch leise – verfolgte ich die Dreharbeiten. Hier wurden mehrere Sprechszenen zwischen zwei erwachsenen Hauptdarstellern und zwei Kindern gedreht. Mittlerweile war es weit nach Mitternacht. Ich war ziemlich müde. Komparse sein, kann spannend, aber auch sehr anstrengend sein, wie ich feststellte. Zwischendurch kam das Catering zum Set und brachte Kuchen und Süßigkeiten. Nach einer Wartezeit von mehr als drei Stunden, es war mittlerweile zirka 2:00 Uhr, wurden die Komparsen noch einmal gefordert.

Im Hintergrund einer Szene lag ein Haus mit einer etwa 100 Meter langen Veranda. Während der Sprechszene sollten im Hintergrund Personen zu sehen sein, die auf und ab gehen. Im fertigen Film sieht man nicht mehr als ein paar dunkle Gestalten. Nach gut einer Stunde war auch diese Szene im Kasten und ich durfte mich umziehen gehen. Bis wir allerdings unsere Gage hatten, verging eine weitere Stunde. Um 5:00 Uhr morgens lag ich dann endlich völlig übermüdet und geschafft in meinen Federn und träumte von einem »Crazy Drehtag«.

12.3 »SK Kölsch« – »Der Tag an dem Marcel Pracht starb«

Das Glück, von dem viele (Komparsen) so träumen, auch mal eine »größere« Rolle spielen zu dürfen und damit mehr als fünf Sekunden im Film sichtbar zu sein, hatte ich im Oktober 2003. Meine Rolle war die Leiche Marcel Pracht, die von einem Penner, gespielt von Jochen Regelien, auf einem Spielplatz in einer Spielhütte gefunden wird.

Dies ist der Beginn einer Szene aus der SAT 1-Krimiserie »SK Kölsch«, »Das Schweigen der Männer«, gesendet am 19. April 2004 um 20:15 Uhr. Insgesamt bin ich in diesem 45-Minuten-Film zirka 2 Minuten zu sehen. Diese knappe 2 Minuten lange Filmszene hat zwei Drehtage verschlungen. Einen davon verbrachte ich auf einem Spielplatz in Leverkusen und einen in der umgebauten Leichenschauhaus-Filmkulisse in Köln. Die Erfahrungen, die ich dort gemacht habe, insbesondere die in Köln, haben Spuren hinterlassen.

Aber es sind auch Erinnerung an zwei schöne und vor allem an die spannendsten und aufregendsten Drehtage, die ich im Laufe von knapp drei Jahren als Komparse gemacht habe, und auch das bisherige Highlight meiner »Filmkarriere«. Aber lesen Sie selbst!

(Mit freundlicher Genehmigung von SAT 1)

Etwa neun Tage vor Drehbeginn bekam ich von einer meiner Castingagenturen einen Anruf, ob ich Zeit und Lust hätte, eine Leiche zu spielen. Lust hatte ich natürlich und ich freute mich riesig darüber, denn so ein Angebot bekommt man schließlich nicht alle Tage. Allerdings hatte ich ein zeitliches Problem. Denn laut Dienstplan musste ich genau an den zwei Tagen arbeiten, an denen gedreht werden sollte. Doch diesen Job wollte ich unbedingt haben. Zum Glück haben zwei meiner Kolleginnen spontan den Dienst für mich übernommen. In der heutigen Zeit ist dies nicht immer selbstverständlich. Und damit war der Weg frei.

Dass dies eine kleine Nebendarstellerrolle war, wurde mir erst viel später klar. Für eine solche Rolle ist die Gage höher, als die bei einem normalen Komparsenjob. Diese liegt je nach Budget und Produktionsfirma meist zwischen 100,- bis 300,00 € pro Drehtag. In der Filmbranche gibt es eine Art Gesetz: Über die Höhe von Gagen spricht man nicht. Wie hoch diese bei einem Komparsenjob ist, ist Ihnen ja bereits bekannt (50,00 € im Schnitt). Doch alles, was danach kommt, ist ein Tabuthema.

Leverkusen an einem Tag im Oktober 2003

Die Nacht hatte ich schlecht geschlafen, unruhiger zumindest als sonst. Punkt 7:30 Uhr traf ich am Drehort ein. Parkplatzprobleme gab es keine, denn es waren genug Parkplätze durch die Stadt für das Filmteam reserviert worden. Überall standen Halteverbotsschilder mit dem Hinweis »Filmaufnahmen«. Am Cateringwagen habe ich dann meinen Ansprechpartner gefunden. Für ein kleines Frühstück war noch Zeit. Etwa 30 Minuten später saß ich dann im Kostüm/Maskenmobil. Dort wurde ich eingekleidet, Hemd, Hose, eine lange Unterhose, Socken, Jacke und sogar neue Schuhe bekam ich. Über die lange Unterhose war ich sehr erfreut, denn die Temperatur lag bei etwa +5°C. Anschließend wurde ich von der Maskenbildnerin »leichenblass« geschminkt. Hinzu kamen noch Würgemale am Hals und eine Platzwunde am Hinterkopf. Dies war eigentlich überflüssig, denn im Film ist diese später nicht zu sehen. Das Wetter war für einen Drehtag eigentlich ideal, Sonne und blauer Himmel. Doch diese Szene sollte im Regen spielen. Das FX-Team, das für die Spezialeffekte zuständig ist, war schon länger auf den Beinen und hatte um die Spielhütte herum »Wasserleitungen« über unseren Köpfen verlegt. Große Feuerwehrschläuche waren an einem Hydranten angeschlossen. Über uns befand sich damit eine Art Sprinkleranlage. Bisher kannte ich solche Filmtricks nur durch Making offs aus dem Fernsehen. Und nun war ich live dabei!

(Mit freundlicher Genehmigung von SAT 1)

Wenig später ging es dann los. Über Walkie Talkie kam die Anweisung: »Marcel Pracht bitte zum Set.« Die Regieassistentin nahm mich in Empfang, zeigte mir meinen »Arbeitsplatz« und erklärte mir die Filmszene. In einer Spielhütte findet der Penner Wolle, gespielt von Jochen Regelien, die Leiche von Marcel Pracht. Dieser sitzt im Sand und lehnt – bereits tot – an einem Holzpfahl. Gegen Mittag sollten die Szenen mit den Hauptdarstellern Tatjana Clasing (Pathologin), Dirk Martens (Falk von Schermbeck) und Uwe Fellensiek (Jupp Schatz) gedreht werden, die am Tatort eintreffen und die Leiche von Marcel Pracht untersuchen.

Nur noch wenige Augenblicke

In wenigen Minuten sollte die erste Szene geprobt werden. Meinen Arbeitsplatz hatte ich bereits eingenommen. An meine Gesundheit war auch gedacht worden, für meinen Po hatte ich wegen der niedrigen Bodentemperatur ein kleines Kissen bekommen. Später, in einer anderen Kameraeinstellung, musste dieses jedoch weichen, denn sonst hätte man es später im Bild gesehen. Neben mir im Sand, keinen Meter entfernt, hatte es sich Jochen (Wolle) unter einer Decke mittlerweile bequem gemacht. In seiner Hand hielt er eine mit Wasser gefüllte Schnapsflasche. Um uns herum stand ein etwa 25köpfiges Filmteam. Es bestand aus dem Regisseur und der Regieassistentin, dem Kameramann und seinem Assistenten, Tontechniker, Maskenbildnerin, FX-Spezialisten, Beleuchter und vielen mehr. Ein weiterer Mitarbeiter der Filmcrew war für die Kamerafahrt zuständig, sie konnte auf einer Art Schiene vor und zurück bewegt werden. Das wird auch Dollyfahrer genannt. »Wir machen eine Probe«, rief der Regisseur. »Ruhe bitte.« Daraufhin durfte keiner mehr einen Pieps von sich geben. »Wasser marsch und Ton ab.« Dann kam wieder das Zeichen, das Kommando vom Regisseur: »Und bitte.« Manche sagen auch: »Und Action.« oder »Und los.«
Ich hielt die Luft an. Wolle wachte auf und trank einen Schluck aus seiner Schnapsflasche. Bis dieser jedoch seinen Text sprach und zu mir herüber schaute, vergingen etwa 25 Sekunden. Leider hatte man mir vergessen zu sagen, dass die Kamera mich erst im Bild hat, wenn Jochen zu mir herüber schaut. Aber dafür sind die Proben ja da. Nach einigen Probedurchläufen hieß es: »Achtung, wir drehen!«

Originalszene --- >   rechts die Dreharbeiten
(Mit freundlicher Genehmigung von SAT 1)

Original Text

«Ey Alter, das ist mein Appartement. Hier – **hält mir die Schnaps-flasche hin** – wenn du schon mal da bist – was ist – ist nicht deine Marke, oder was – Ey Mann, ich red' mit dir.« Wolle stößt mich am linken Oberarm mit der Schnapsflasche, die er in der Hand hält, an und ich falle in den Sand.

Darauf Wolle: »SCHEIßE!«

Original Szene
(Mit freundlicher Genehmigung von SAT 1)

Jede Szene, auch diese, wurde mehrmals hintereinander und aus verschiedenen Blickwinkeln gedreht. Später im Schnitt ergibt sich dann daraus die zusammengesetzte Filmhandlung. Eine Szene ist selten beim ersten Mal im Kasten. Gründe dafür gibt es viele. Wie zum Beispiel:

– zu wenig oder zuviel Licht
– zu wenig oder zuviel Regen
– Flugzeuggeräusche
– Nebengeräusche (Kinder, Zuschauer)
– Text wird vergessen
– die Leiche blinzelt, atmet

Wer glaubt, dass es leicht ist, eine Leiche zu spielen, der irrt gewaltig! Keine Atmung, keine Mimik, kein Augenzucken darf zu sehen sein. Für mich war der Schwierigkeitsgrad noch wesentlich höher angesetzt, denn die Augen mussten offen bleiben und das für manchmal mehr als 20 Sekunden. Und das war teilweise recht anstrengend. Die Konzentration ließ natürlich irgendwann nach. Bei mir war es ein Augenblinzeln und mein Mundwinkel, der sich verzog, wie das Lächeln von Mona Lisa. In diesem Moment muss einem klar sein, dass es nur noch wenige Sekunden dauern wird, bis man »Abbruch« hört. Ich hatte es versiebt! So ein Mist, dachte ich. Ein Gefühl von schlechtem Gewissen durchflutete meinen Körper. Man will ja auch gut sein, seine Sache perfekt machen. Jede Minute länger kostet Geld. Was ist, wenn ich das nicht hinbekomme? Ich mache dies ja schließlich zum ersten Mal. Fragen, die meine Konzentration beeinträchtigten. Eine große Verantwortung, die da auf mir lastete.

Aber es gab kein Meckern, keine Vorwürfe. Der Regisseur und das Filmteam hatten Verständnis. Ich war dankbar und erleichtert! Geduldig wurde noch einmal gedreht. Einen ganzen Vormittag lang, etwa drei bis vier Stunden, wurde diese 60 Sekunden lange

Filmszene gedreht. Und dies aus etwa sechs verschiedenen Kamera-Blickwinkeln. Dann musste die Technik ganz schnell umgebaut werden, Licht, Ton, Kamera. Dies dauert im Schnitt 15 bis 30 Minuten. Alle, die nicht unmittelbar mit dem Technik-Umbau zu tun haben, müssen das Set verlassen. Man hört dann immer: »Bitte Set frei machen.«

Während des Umbaus hatte ich die Gelegenheit, mich mit Jochen (Wolle) zu unterhalten. Ein sehr netter, sympathischer Typ und ein Schauspieler mit 20 Jahren Berufserfahrung.

Sobald eine Szene im Kasten ist, hört man oft den Satz: »Die Szene ist gestorben.« In meinem Fall passte dies wie die Faust aufs Auge. Gegen zirka 13:30 Uhr war dann die Mittagspause. Danach war der Hauptdreh. Ich lag auf dem Rücken in der Spielhütte. Es regnete wieder. Die Pathologin (Tatjana Clasing) war bereits vor Ort, als die beiden Kommissare an der Spielhütte eintrafen.

Original Text

Schatz und Falk zu Fuß auf dem Weg zur Spielhütte

Schatz: »Ne halbe Nacht ne Leiche im Arm und kann sich angeblich an nichts erinnern.«

Wenige Sekunden später sind die beiden am Tatort angekommen. Kommissar Schatz schlägt den Regenschirm mehrmals auf und zu. Die Wassertropfen treffen die Pathologin.

Pathologin: »Danke, Herr Schatz.«
Schatz: »Entschuldigung.«
Pathologin: »Ich hab schon geduscht.«
Schatz: »So, haben Sie was für uns?«Pathologin: »Kaum ausgeprägte, zirkulär und horizontal verlaufende Strangmarke, dafür sehr deutliche Punktblutungen im gesamten Gesichtbereich insbesondere …«

 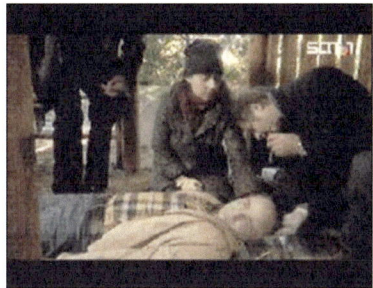

Dreharbeiten --- >   rechts die Original Szene

(Mit freundlicher Genehmigung von SAT 1)

Schatz ist der Pathologin ständig im Weg, sie ist sichtlich genervt.

Pathologin: » … um die Augenregion, und wie ich vermute, darf ich jetzt mal, … ja genau, … um das Trommelfell, … also, der Mann wurde mit ziemlicher Sicherheit stranguliert, wahrscheinlich mit einem Schal, Strumpf oder ähnlichem, vor zirka 12 oder 14 Stunden.

Falk: »Irgendwelche Spuren von Gegenwehr?«

Pathologin: »Zumindest keine offensichtlichen, die Antwort auf Ihre Fragen könnte allerdings auch die Platzwunde an seinem Hinterkopf sein.« (Hebt meinen Kopf an.)

Schatz: »Also hat man ihm eins über den Schädel gezogen und ihn anschließend erwürgt, hier drin?«

Falk: »Hier«, hebt mein linkes Bein an; man sieht meinen nassen Socken ohne Schuh, » … wahrscheinlich nicht«.

Gegen 15:00 Uhr war auch diese Szene im Kasten. Für die Hauptdarsteller war allerdings noch nicht Schluss. Denn es wurden noch andere Szenen auf diesem Spielplatz gedreht.

Nachdem ich abgeschminkt war, mich umgezogen hatte und meine Gage (das Wichtigste *g*) erhalten hatte, schaute ich mir noch den Rest der Dreharbeiten an. Mit viel guter Laune, einigen Fotos und einem Lob im Gepäck machte ich mich dann auf den Weg Richtung Heimat. Danke an das gesamte Filmteam von »SK Kölsch« für diesen für mich unvergesslichen Tag.

Köln Braunsfeld – eine Woche später

Im Keller eines Gebäudes war die umgebaute Leichenschauhaus-Filmkulisse, die Gerichtsmedizin von »SK Kölsch« untergebracht. Eine der zwei dort befindlichen Leichentische war mein »Arbeitsplatz«. Durch Zufall erfuhr ich zwei Tage vor dem Dreh, dass ich laut Drehbuch eine lange Schnittwunde auf meinem Brustkorb bekommen sollte. Hierfür hätten allerdings die vielen kleinen Härchen weichen müssen, die ich dort besitze. Ich rief meine Castingbetreuerin an und schilderte ihr das Vorhaben der Produktionsleitung. »Nur über meine Leiche«, sagte ich, »oder nur mit einem Gagenaufschlag.« Einen Tag später führte meine Castingbetreuerin mit dem Filmhersteller Gespräche, der jedoch eine Erhöhung der Gage ablehnte. Also keine Schnittwunde!

Der Drehtag in Köln

Um 12:30 Uhr musste ich am Treffpunkt Sein. Ich konnte mich sofort in die Maske begeben. Diesmal dauerte es etwas länger, bis ich geschminkt war. Weißes Puder bedeckt meinen Oberkörper, Hals, Nacken und meine Arme.
Hinzu kamen noch einige Hämatome und die Leichenflecken durften natürlich auch nicht fehlen. Nur mit Unterhose, Socken und Bademantel bekleidet, machte ich mich auf den Weg zum Aufenthaltsraum, der im 1. Obergeschoss lag. Dort war es nicht besonders warm, aber Heizstrahler machten die Kälte erträglich. Zwei Polizeikomparsen unterhielten sich angeregt über Horoskope. Wir kamen etwas ins Gespräch. Dann war erstmal Mittagspause. Nach

einer Wartezeit von etwa einer Stunde war es dann endlich soweit, es hieß: »Marcel Pracht, bitte zum Set.« Mein Arbeitsplatz
war der Seziertisch. Zu meiner Überraschung war dieser leicht
angewärmt, was ich als sehr angenehm empfand. Die erste Probeszene wurde gedreht. Meinen Bademantel durfte ich anlassen.
(Die Bilder weiter unten sind Originale und stammen aus dem
Film.) Es wurden auch diesmal wieder Probedurchläufe durchge-
führt, bis es hieß: »Achtung wir drehen.«

Originaltext

Schatz und Falk gehen den Gang der Gerichtsmedizin entlang und
unterhalten sich. Zu diesem Zeitpunkt liege ich bereits auf dem
Seziertisch.

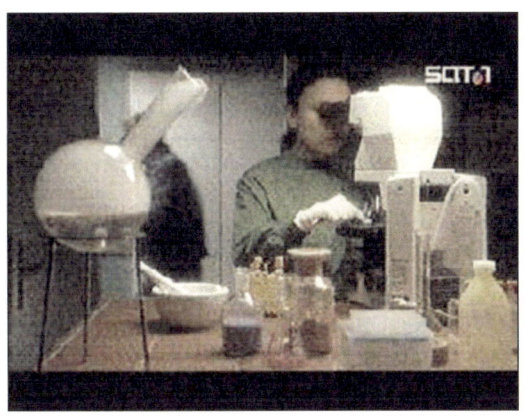

Originalbild
(Mit freundlicher Genehmigung von SAT 1)

Schatz: »85 % aller Morde sind Beziehungstaten.«
Falk: »Beziehungstaten, …, ja,ja, …aber selbst für eine kräf-
tige Frau, dürfte es schwer gewesen sein …«, **jetzt**

betreten die beiden den Raum, in dem ich liege, » …
ihn von der Bank bis zur Hütte zu schleppen.«

(Mit freundlicher Genehmigung von SAT 1)

Schatz: »Man, … meine Mutter hat früher einen ganzen Sack
Kohle in den Keller geschleppt, ganz alleine.«

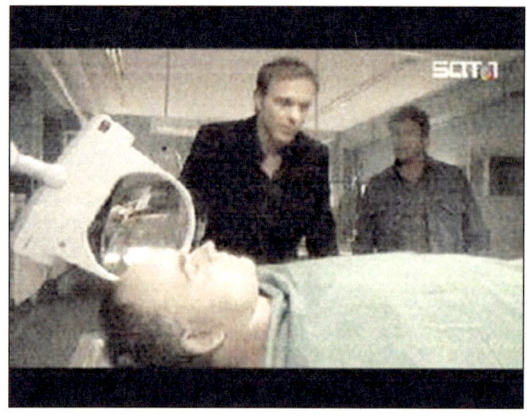

(Mit freundlicher Genehmigung von SAT 1)

Falk: »Na gut, deine Mutter wird's ja nicht gewesen sein, oder? Abgesehen davon reden wir nicht von Kohle, sondern, was weiß ich, von vielleicht 80 kg oder so.«

Mittlerweile hat die Pathologin auch den Raum betreten.

Pathologin: »78 kg, aber ich denke, das ist nicht das Entscheidende. Wenn die Herren vielleicht selbst mal einen Blick … Nicht? Na gut! Also, die Hämosthase und die Phagozytose der Kopfwunde waren bereits weiter fortgeschritten.«

Schatz: »Also, wenn die Blutgerinnung und die Neutralisierung der Bakterien im vollem Gange war, dann, … dann, … dann hat ihn schon vorher einer in die Mangel genommen.«

Pathologin: »Respekt, Herr Schatz, zirka ein bis zwei Stunden.«

Falk: »Also, dann gegen 22:00 Uhr?«Pathologin: »Nach dem enzymatischen Abbau des Hämoglobins zum Billirubins zu urteilen, zumindest was diese Wunden hier angeht, dürfte das allerdings schon drei bis vier Tage her sein.

Falk: »Vielleicht derjenige, der ihn auch später erdrosselt hat.«

Pathologin: »Ach übrigens, mit einem ganz gewöhnlichen Schaal, Wolle-Polyestergemisch, falls Sie das noch interessiert.«

Nach einigen Durchgängen war diese Szene im Kasten. Direkt im Anschluss daran – ich lag noch auf dem Seziertisch – bekam ich eine Diskussion zwischen einem Hauptdarsteller und dem Regisseur mit. Welche Bedeutung dieses Gespräch für mich hatte, erfuhr ich wenig später. Jemand vom Filmteam kam auf mich zu und hatte ein Anliegen. Ein Anliegen, das bei mir Spuren hinterließ.

Damit Sie wissen, um was es sich handelte: Im Film war ich später in der Gerichtsmedizin noch einmal zu sehen. Anwesend waren die Pathologin und die beiden Hauptkommissare Schatz und Falk.

Kurzer Originaltext der Pathologin:

»Außerdem habe ich mir seine Testikel noch einmal genauer angesehen. Und die weisen leichte bis mittelschwere Quetschungen auf.«

Wer medizinisch nicht so bewandert ist, und bevor Sie jetzt zum Medizin-Lexikon rennen: Testikel sind die Hoden. Um die Szene glaubhafter zu machen, sollte der Zuschauer später in der Filmszene einen kleinen Teil meines Intimbereiches zu sehen bekommen. Die Vorstellung, dass mich Millionen von Zuschauern »nackt« im Fernsehen sehen würden, half mir nicht gerade bei meiner Entscheidung, die Zustimmung zu dieser Szene zu geben. Nach einigem hin und her und nachdem man sich mit dem Gagenaufschlag »geeinigt« hatte, gab ich schließlich die Einwilligung für diese »Nacktszene«.

Die Filmproduktion willigte bei der Höhe meines Gagenaufschlages, den ich forderte, sofort ein. So wurde ich Opfer meiner sozialen Ader, Unerfahrenheit und Naivität. Ich weiß nur eines, heute würde dieser Gagenaufschlag mit Sicherheit weitaus höher ausfallen.

Die »Nacktszene« und was ich dabei empfunden habe

Diese Szene dauert im Original zirka 45 Sekunden. Zum Glück war mein Intimbereich nicht an einem Stück zu sehen. Mir kam es wie Stunden vor, bis die Szene im Kasten war.

Kleiner Ausflug!

In der Bildzeitung war im Juni 04 ein Interview mit dem Schauspieler Robert Atzorn zu lesen. »Nackt im TV – ich fand es furchtbar« Für die ARD-Komödie »Küss mich, Kanzler« musste er einen Liebesakt spielen. Und dies ist sicher weitaus intimer, als nackt auf einem Seziertisch zu liegen. Vor allem war die Szene bestimmt auch länger als meine. »Richtig glücklich«, so Atzorn, »war ich aber nicht darüber.« Er bringt es auf den Punkt: »Man schämt sich enorm dabei, ich fand es furchtbar.« Ich empfand diese Aussage mehr als zutreffend, denn sie spiegelte sehr meine Gefühle wieder, wie ich die Dreharbeiten empfunden habe.
Bevor die Szene damals gedreht wurde, zeigte man mir auf einem kleinen Monitor, den der Regisseur hat, wie der Zuschauer später im Fernsehen die Szene zu sehen bekommt. Nach einigen kleinen Änderungen in der Kamerastellung gab ich dann die Freigabe fürs drehen. Ohne das, hätte ich niemals mein Einverständnis gegeben.

Im Raum anwesend war Gott sei Dank diesmal nur die engste Filmcrew. Mit den Hauptdarstellern waren es vielleicht maximal sechs Leute. Und das war mir noch zuviel. Die anderen hatten sich diskret zurückgezogen. Ich machte meine Augen zu und hoffte, dass bald alles schnell vorüber ging. Wie die Geschichte mit dem Storch und dem Löwen in der Wüste. Storch steckt den Kopf in den Sand doch der Löwe ist immer noch da.

Tatjana Clasing, die Gerichtsmedizinern, war sehr diskret, wie ich fand. Ich glaube, sie hat gespürt, was in mir vorging. Denn sie hat mich nach jeder Probeszene sofort wieder zugedeckt. Insgeheim war ich über ihre Diskretion mehr als dankbar. Von Dirk Martens bekam ich ebenfalls mitfühlende Gesten zugeteilt. Irgendwann war dann die Szene endlich »gestorben«, also im Kasten.

Für mich war nun Drehschluss. Zur Erinnerung konnte ich noch ein Gruppenfoto mit mir und den drei Hauptdarstellern ergattern. Über die Betreuung am Drehort konnte ich mich nicht beklagen. Ich bemerkte schon den Unterschied, ob ich als Komparse oder »Nebendarsteller« mitspielte. Zwangsläufig, wie ich finde, denn man bekommt durch die Szenen auch einen »engeren« Kontakt zur Filmcrew. Wie am Anfang bereits erwähnt, habe ich aus diesem Dreh Erinnerungen an zwei schöne und vor allem an einen der spannendsten und aufregendsten Drehtage mitgenommen, die ich im Laufe von knapp drei Jahren als Komparse gemacht habe.

Was mich sehr freute, war, dass Nostro Film, die »SK Kölsch« produzierte, sich bei allen Beteiligten per Postkarte für die Mitarbeit bedankte und die Daten der neuen Folgen gleich mitschickte. Aus diesen Gründen sage ich Danke an Nostro Film wie auch an die gesamte Filmcrew von »SK Kölsch«, und auch Danke an meine Castingagentur, die mir diesen Dreh ermöglicht hat.

12.4 »Alarm für Cobra 11«

Am 11.09.03 sahen 6,22 Millionen Zuschauer den Pilotfilm zu »Alarm für Cobra 11«: »Feuertaufe«. In dem Film geht es um Farbbeutel, deren Farbe dazu geeignet ist, Falschgeld zu drucken. Der Kopf der Fälscher-Bande ist ein Gangster namens Hadenberg. Dieser entführt im Laufe des Films die kleine Lilly und flüchtet mit ihr in einem gestohlenen Feuerwehrfahrzeug. Die beiden Hauptkommissare Semir (Erdogan Atalay) und Jan (Christian Oliver)nehmen die Verfolgung auf, die später in einem Steinbruch endet. Dort stürzt der Gangster mit dem Fahrzeug 100 Meter in die Tiefe und landet auf hochexplosiven »Fässern«. Durch den Aufprall kommt es zu einer Explosion, bei dem der Gangster in einem großen Feuerball stirbt. Die kleine Lilly wird natürlich von Semir und Jan gerettet, bevor das Fahrzeug in den Abgrund stürzt. Mit einer Eskorte, bestehend aus drei Polizeiwagen, wird ihre Mutter zum Steinbruch gefahren. Dort nimmt diese ihre Lilly glücklich in die Arme.

Die Dreharbeiten – 11 Monate vor Sendeausstrahlung

Es ist Sonntag, Anfang Oktober 2002. Nieselregen fällt hin und wieder auf uns herab. Die Außentemperatur beträgt zirka 5°C. Wir – das sind die Komparsen und die Filmcrew – stehen auf einer Anhöhe in einem Steinbruch in der Nähe von Wuppertal. 100 Meter unter uns soll in wenigen Minuten die Feuerwehrdrehleiter explodieren, mit der der Gangster Hadenberg in den Steinbruch gestürzt ist. Von den Vorbereitungen der Spezialeffekt-Abteilung für diese Szene 100 Meter unter uns haben wir vier Komparsen während unserer Dreharbeiten auf der Anhöhe nichts mitbekommen. Es ist eine der letzten Szenen an diesem Tag und auch im Film. Zeitdruck macht sich breit, denn die Szene muss beim ersten Mal im Kasten sein. Außerdem wird es dunkel, was den Zeitdruck noch erhöht. Die Verantwortlichen sind ziemlich nervös.

Die Aufforderung über den Lautsprecher ist nicht zu überhören: »Bitte alle vom Rand weg!« Die Filmcrew, das heißt Kameramann, Maskenbildnerin, Techniker, Praktikant, die Regie und wir, die »Krümel«, müssen sich vom Rand des Steinbruchs zurückziehen. Gleich wird es laut. Einige halten sich die Ohren zu. In sicherer Entfernung hören wir die Stimme des Zählers über das Mikrofon, drei, zwei, eins … Das Fahrzeug explodiert. Ein großer Feuerball steigt in den Himmel empor und taucht die Umgebung für einen kurzen Augenblick in glutrotes Licht. Rauch verdunkelt die Abenddämmerung. Der Knall macht sich im Tal breit. Wie weit sich die Schallwellen tatsächlich über den Steinbruch hinaus verteilen, bleibt das Geheimnis des Schalls. Ob nun das Telefon bei Polizei und Feuerwehr klingelt? Wir wissen und erfahren es auch nicht. Die Szene ist geglückt. In den Gesichtern der Filmcrew sind Erleichterung und Zufriedenheit zu erkennen. Unser Beifall vermischt sich noch mit dem Nachhall des Explosionsschalls.

Rückblick:

Einige Tage vorher – an einem Montag – hatte ich das Glück in der Krimiserie »Wilde Engel« einen Polizisten spielen zu dürfen. Die Komparsenbetreuerin fragte mich, ob ich am Sonntag Lust und Zeit hätte, als Komparse bei »Alarm für Cobra 11« mitzuspielen. Ich hatte! Und so kam ich zu meinem ersten Engagement bei der »Autobahnpolizei«. Treffpunkt war um 14:00 Uhr im Steinbruch, am »Hauptgebäude« neben dem Kalkwerk. Dort befand sich auch die »Basis« der Filmcrew. Da ich pünktlich sein wollte, fuhr ich gegen 12:45 Uhr los. Viel zu früh, wie sich herausstellte, denn die Autobahn war frei. Es war schließlich Sonntag. Ich war überpünktlich um 13:30 Uhr da. Auf dem Gelände am »Hauptgebäude« standen sie dann auch alle wieder, Cateringwagen, Kostüm/Maskenmobil, Polizeiwagen, Stuntautos, private Pkws, Rettungswagen, Feuerwehr. Am Cateringwagen traf ich die Komparsenbetreuerin. Wie ich erfuhr, war das Filmteam noch mit anderen Szenen im Steinbruch beschäftigt. Zwei meiner Komparsenkollegen waren schon da, einer fehlte noch. Irgendwer teilte uns kurz nach 14:00 Uhr mit, dass wir uns umziehen sollen. Nacheinander zogen wir uns dann im Masken/Kostümmobil um. Von der Kostümbildnerin bekamen wir alle eine passende Polizeiuniform. Deshalb ist es auch so wichtig, seine Konfektionsgröße wahrheitsgemäß anzugeben. Nichts ist schlimmer, als wenn die Kleidung, die Ihnen gestellt wird, nicht passt. Wir bekamen fast alles, außer den Handschellen, was ein echter Polizeibeamter so an seinem Körper trägt, Uniform, Mütze, Pistolenhalter und Pistole. Nur die Schuhe waren unsere eigenen. Da die Polizeiuniformen nicht gerade wärmten, bekamen wir bis zum eigentlichen Dreh zusätzlich eine Film-Feuerwehrjacke. Die war bei den Temperaturen auch dringend notwendig! Informationen, wann es denn nun losgeht, konnte man uns nicht geben. Mittlerweile war auch unsere Komparsenbetreuerin nicht mehr anwesend. Bis auf wenige von der Filmcrew und zwei vom Catering war niemand mehr an der »Basis«. Alle waren beim Dreh im Steinbruch.

Einen Aufenthaltsraum gab es für uns nicht. Mittlerweile wurde uns trotz der Jacken ziemlich kalt. Schließlich setzten wir uns zum Aufwärmen ins Auto eines Komparsen. Die Warterei überbrückten wir mit Small Talk, Kaffee, warmen Tee und Kakao. Nach einer Wartezeit von mehr als einer Stunde ging es endlich los. Mit einem Auto wurden wir in den Steinbruch zu der Anhöhe gefahren, wo die Mutter in der Filmszene die kleine Lilly später in den Arm nimmt. An dieser Szene waren die beiden Hauptdarsteller Semir und Jan, die kleine Lilly mit Mutter, vier Komparsen und drei Polizeiautos beteiligt.

Besatzung der drei Polizeiautos:

Wagen 1 = ein Polizeikomparse mit der Mutter
Wagen 2 = zwei Polizeikomparsen (Kollege und ich)
Wagen 3 = eine Polizeikomparsin

Ablauf der Szene:

Wir fuhren hintereinander und hielten leicht versetzt auf der Anhöhe. Wagen 1 war zirka 70 Meter von Semir, Jan und Lilly entfernt. Während die Mutter ausstieg und zu den dreien lief, sollten wir – Wagen 2 – aus dem Auto springen und einen kleinen Steinhügel hinauf rennen, um kurz hinunter in den Steinbruch zu schauen. Beim Zuschauer sollte die Illusion geschaffen werden, dass wir auf die gerade explodierte brennende Feuerwehrdrehleiter blicken. Danach sollten wir wieder zurück zum Fahrzeug rennen und mit unserem Auto in die Gegenrichtung davonbrausen. Über Walkie Talkie bekamen wir unsere Anweisungen: »Alle wieder auf Anfang.« Zurück fahren, drehen, zurück fahren und wieder drehen. Diese Szene war sehr anstrengend und auch nicht ungefährlich. Allzu weit durften wir den Steinhügel nicht hinauflaufen, denn es ging dort mehrere 100 Meter in die Tiefe. Gute zwei Stunden haben wir gebraucht, bis die Szene im Kasten war. Und im Film sieht man mich und meine Komparsenkollegen nur kurz im Hintergrund, vielleicht zwei bis drei Sekunden, wie wir den Hügel hinauflaufen. Unsere Gesichter sind so gut wie gar nicht zu erkennen.

Nach unserem Dreh wurden wir noch »Zeugen« der Explosionsszene und von zwei bis drei kleinen Sprechszenen. Nachdem wir wieder zur »Basis« gebracht worden waren, zogen wir uns um und bekamen unsere Gage (75,00 € – das war top!). Meine Kleidung war ziemlich verdreckt, was mich nicht sonderlich störte. Nur über den Schmutz an meinen Schuhen ärgerte ich mich. Reinigungszeug für die Schuhe konnte man uns vor Ort nicht zur Verfügung stellen. Deshalb musste ich dann meine Schuhe zu Hause putzen. Bevor ich dann gegen 18:30 Uhr nach Hause fuhr, habe ich noch kurz etwas Warmes vom Catering gegessen. Ein körperlich ziemlich anstrengender Drehtag als Komparse bei »Alarm für Cobra 11« ging zu Ende.

12.5   Lady Cracher

Im August 2003 – es war ein heißer Sommertag – hatte ich die Gelegenheit als Komparse in der Comedy-Serie »Lady Cracher« mit Anke Engelke mitzuwirken.

Es war 10:00 Uhr, ich war auf dem Weg nach Düsseldorf. Drehort war die in der Nähe vom Flughafen befindliche Flugschule, in der Stewardessen ausgebildet wurden. In dieser befand sich der Nachbau einer Flugkabine, in der zirka 50 »Fluggäste« Platz finden würden. Hier wurde später auch der Sketch gedreht. Die

Flugschule lag ziemlich versteckt in einer Sackgasse, sodass ich diese erst nach längerer Suche und mit Hilfe von Passanten fand. Denn die Komparsenbetreuerin, die ich per Handy anrief, konnte mir auch nicht helfen, da sie sich selbst nicht auskannte. Um zirka 10:40 Uhr fand ich zwar die Flugschule, aber jetzt ging die Suche nach einem Parkplatz los. Weit und breit war keiner in Sicht. Nach weiteren 10 Minuten hatte ich dann endlich einen Parkplatz gefunden. Jetzt lag nur noch ein Fußweg von noch mal etwa 10 Minuten vor mir. Mit 30 Minuten Verspätung – ich war schon ziemlich genervt – kam ich dann endlich an.

Ein DIN A4-Zettel mit der Aufschrift »Komparsen«, der an der Tür klebte, wies mir den Weg in die erste Etage. Dort war unser Aufenthaltsraum. Im Flur war die Maskenbildnerin gerade damit beschäftigt, einem Komparsen das Gesicht zu pudern. Ich hielt Ausschau nach der Komparsenbetreuerin, fand diese aber nicht. Schließlich setzte ich mich auf einen der noch wenigen freien Stühle. Etwa 30 Komparsen waren anwesend.

Kurze Zeit später war dann auch unsere Ansprechpartnerin zugegen. Diese wurde von der Agentur abgestellt. Wir bekamen Informationen wie zum Beispiel:

- wo die Toiletten sind
- wie die Regieassistentin heißt
  (unsere Ansprechpartnerin am Set)
- wann wir unseren Gagenschein zum Ausfüllen bekommen
- wann es etwas zu Essen gibt

Gegen 12:00 Uhr ging es los. Der Sketch sollte in einem Flugzeug stattfinden, das sich in 11.000 Meter Höhe befindet. Die Regieassistentin wies jedem von uns einen Platz zu. In der »Flugkabine« war es heiß und stickig. Uns allen lief nur so der Schweiß herunter. Auf dem Boden lagen überall Kabel herum.

Mit uns Komparsen waren mindestens noch zehn Leute vom Film-team anwesend. Es war ziemlich eng in der Kabine. Mir wurde der vorletzte Platz am Fenster im »Flieger« zugewiesen. Mir war wohl viel Spaß an diesem Tag vergönnt. Ich hatte Pech! Denn neben mich wurde eine junge Frau gesetzt, mit der es so gut wie unmöglich war, einen Small Talk zu führen. Ihr Erscheinungsbild ähnelte auf-grund ihrer Körpergröße und ihren Haaren der Filmfigur »Momo«, gespielt damals von Radost Bokel. Sie wirkte auf mich arrogant und eingebildet. Sie führte sich auf, als ob ich ihr ihre Handtasche klauen wolle. Und mit so einer Spaßbremse musste ich mehr als vier Stun-den ausharren. Das war eine echte Strafe! Nachdem alle die Plätze zugewiesen bekommen hatten, wurde die Kamera im ersten Gang aufgebaut. Mittlerweile hatte sich Anke Engelke hinter uns gesetzt. Die Aufnahmeleitung verkündete: »Achtung Probe.«

Einblick in den Sketch!

Eine Stewardess wird gerade ohnmächtig als sie einem Fluggast Kaffee einschenkt. Der Flugkapitän kommt zu Hilfe und hat nun ein großes Problem und stellt die Frage an die »Fluggäste«: »Wer kann diesen xyK567 Kaffeeautomat bedienen?« (Die genaue Bezeichnung ist mir nicht mehr geläufig.) Nun meldet sich aus der letzten hinteren Reihe Anke. Sie habe dies mal gemacht, ihre Schwester hätte mal so einen gehabt. Völlig verunsichert nähert sie sich diesem Kaffeeautomaten. Der Tower wird angesprochen und mit dessen Hilfe schafft sie es dann, den Kaffeeautomaten zu bedienen. Natürlich unter präziser An-weisung und Hochspannung. Dann hieß es: »Wir machen drehfertig.« Das war das Zeichen für alle, dass es nur noch wenige Minuten dauern wird, bis gedreht wird. Wir alle wurden noch einmal schnell von der Maske (Maskenbildnerinnen) begutachtet und gepudert. »Achtung wir drehen. Ruhe bitte! Ton ab!« Bis diese Szene im Kasten war und aus verschiedenen Kameraeinstellungen gedreht worden war, verging mehr als die Hälfte des Tages. Die Spaßbremse schaute natürlich mindestens zweimal in die Kamera. Es war ein wirklich stressiger und anstrengender Tag, vor allem wegen der Hitze in der »Flugkabine«. Raus aus dem Flieger, rein in den Flieger, raus aus dem Flieger, rein in den Flieger. So ging das den ganzen Tag.

Einmal saßen wir mehr als zwei Stunden in diesem Backofen. Der Hauptteil war abgedreht. Bis zu diesem Punkt war von uns Komparsen noch nicht viel gefordert worden. Der schwierigste Teil stand uns noch bevor. Denn wir sollten so tun, als ob unser Flugzeug abstürzen würde. Eine Aufgabe, die meines Erachtens schon mehr als eine kleine schauspielerische Herausforderung war. Wie bringt man etwa 30 Komparsen dazu, glaubhaft einen Flugzeugabsturz zu simulieren? Wie erzeugt man Todesangst in den Gesichtern? Wie vermittelt man Panik? Hilfeschreie, die in Mark und Bein gehen? Wie oft wir dies geprobt und gedreht haben, ich weiß es nicht mehr. Irgendwann hieß es: Drehschluss. Gegen 19:00 Uhr kam dann die Regieassistentin zu uns in den Komparsenaufenthaltsraum, mit den Worten: »Eure Gage bekommt ihr trotzdem.«

Im Komparsen Aufenthaltsraum herrschte plötzlich Totenstille. Wir – die Komparsen – schauten uns alle nur noch erstaunt an und konnten nicht glauben, was wir da soeben gehört hatten. Keiner von uns sagte auch nur ein Wort. Wir alle waren zu geschockt und empört darüber, mit welcher Arroganz die Regieassistentin hier gerade aufgetreten war. Der Grund dafür war, dass die Szene mit dem Flugzeugabsturz trotz aller Wiederholungen so unnatürlich wirkte, dass der gesamte Drehtag wohl umsonst war. Also im Fernsehen womöglich nicht gesendet werden konnte. Ob dies tatsächlich der Fall war, kann ich Ihnen nicht sagen. Aus pädagogischer Sicht war dieser Drehtag für Komparsen, die neu waren, nicht gerade motivierend, weiter als Komparse tätig zu sein. Zahlreiche Komparsen haben sich später bei der Agentur beschwert. Wie ich in Erfahrung bringen konnte, hatte sich die Regieassistentin mittlerweile entschuldigt. Sehr positiv fand ich, dass die Filmproduktion auch uns rund 30 Komparsen gut verpflegte! Nicht immer selbstverständlich bei so einer großen Anzahl an Komparsen.

12.6 »Der freie Wille« (Low Budget Film)

Drei Wochen nach dem Casting wurde ich von dem Komparsenbetreuer angerufen, ob ich Lust und Zeit hätte, als Komparse mitzuwirken. Von den rund 400 gecasteten Personen, so der Komparsenbetreuer, sei ich der einzige mit ausreichend Erfahrung als Komparse (in meiner Vita waren meine Referenzen enthalten). Nicht einmal die fünf Komparsen, die Film-Erfahrung vorweisen konnten, kämen auf die Gesamtsumme meiner bis dahin 23 Referenzen. Er hätte auch ein schlechtes Gewissen, da er mir offenbaren müsste, dass es sich um ein Low Buget Film handelte. Denn kaum ein »echter« Komparse nimmt derartige Komparsenjobs in der Regel an. Bei dieser Art von Filmen liegt die Gage meist weit unter der Grundgage von 50,00 €. In diesem Fall lag die Gage bei 25,00 €! Um auch hier von meinen Erfahrungen berichten zu können, nahm ich den Komparsenjob zu seiner Überraschung an. Mein erster Komparsenjob unter 50,00 €! Oh Gott! Meine Bedenken wurden einen Tag später bestätigt. Gedreht werden sollte in einem Kaufhaus. Um 13:45 Uhr war Treffpunkt. Doch außer mir war noch kein Komparse in Sicht. Auch die beiden Komparsenbetreuer (er und seine Schwester) waren noch nicht zu sehen. Geschweige denn die Filmcrew. Um 14:30 Uhr kam Bewegung in das Ganze. Ich dachte: Jetzt geht es endlich los. Aber weit gefehlt. Wir wurden nur ins Kaufhaus in die Schuhabteilung »verfrachtet«. Es gab keine Sitzgelegenheit, kein Catering, so gut wie keine Informationen und die Filmcrew war auch noch nicht da. Das war nicht mein Tag!
Irgendwann war es 16:00 Uhr, die ersten Komparsen hatten sich

mittlerweile verabschiedet. Die Warterei war nicht ihr Ding. Nun mussten natürlich neue Komparsen her. Meine Erwartung, dass die Komparsenbetreuer jetzt Komparsen aus der »Castingdatei« nehmen würden, wurde nicht erfüllt. Stattdessen wurden in dem Kaufhaus jetzt Passanten angesprochen. So schnell kommt man, ohne an einem Casting teilgenommen zu haben, zum Film. Diese Vorgehensweise verärgerte mich doch sehr! Was würden wohl die 380 Personen sagen, die bei dem Casting gewesen waren und auf die Gelegenheit, Komparse zu werden, gehofft hatten? Obwohl ich auch Verständnis hatte für diese neu eingetretene Situation. Wo bekommt man so schnell neue Komparsen her? Wir hatten mittlerweile 18:00 Uhr. Immerhin drehte das Filmteam schon seit einer Stunde im Kaufhaus. Natürlich mit den angesprochenen Passanten, die nicht länger als eine Stunde warten mussten. Bis 19:00 Uhr musste das Filmteam fertig sein. Zwei weitere Passanten wurden angesprochen, da sich mittlerweile die Komparsenzahl wieder verringert hatte. Meine »Begeisterung« darüber war nicht gerade groß. Dies teilte ich auch einer Helfershelferin mit, die gerade anwesend war: »Es kann nicht sein, dass ich über vier Stunden bei einem Casting verbringe, heute seit 13:45 Uhr auf meinen Einsatz warte und die gleiche Gage bekomme, wie die beiden letzten Passanten, die man gerade angesprochen hat.« Und dann musste ich mir von dieser »Grünschnäbelin« von vielleicht 22 Jahren auch noch sagen lassen, ich könnte ja gehen. Das war echt der Gipfel! Die hatte allerdings ansonsten mit dieser Materie noch nie etwas zu tun gehabt. Ich war kurz davor zu gehen, doch nach so einer langen Wartezeit das Handtuch werfen, wollte ich dann doch nicht. Die zuletzt angesprochenen Passanten kamen übrigens nicht mehr zum Einsatz. Plötzlich ging alles recht schnell! In weniger als 30 Minuten war auch »meine« Szene abgedreht. Dann war Drehschluss. Ich spielte übrigens einen Kaufhauskunden, der sich in der Hemdenabteilung befindet. Sehr nett und sympathisch fand ich den Schauspieler Jürgen Vogel. Ein Erinnerungsfoto war ohne Probleme möglich. Dies war einer der wenigen positiven

Erinnerungen an diesen Low Budget Film und das dazugehörige Casting. Es war und wird wohl bis dato auch mein letzter Low Budget Film sein.

13. Foto, Schauspieler, Autogrammjäger

Eigentlich ist es am Drehort oder Set grundsätzlich nicht gestattet, zu fotografieren und das bunte Treiben auf Video aufzunehmen, da es meist um Rechte und Geheimhaltung geht. Insbesondere am Set ist das Fotografieren nicht gern gesehen. Ich habe jedoch noch keinen Dreh erlebt, bei dem nicht der eine oder andere aus dem Filmteam oder ein Komparse das eine oder andere Erinnerungsfoto geschossen hat. Wer »erwischt« wird, wird meist freundlich gebeten die Knipserei zu unterlassen. Schlimmstenfalls besteht die Gefahr, dass Sie vom Drehort verwiesen werden. So etwas habe ich allerdings bisher weder selbst erlebt, noch ist mir von so einem Vorfall berichtet worden. Dies soll sicher kein Freibrief sein, sondern Sie sollten sich schon genau überlegen, ob es die Situation oder der Ort zulassen, »wild drauflos zu knipsen«. Handelt es sich um einen Studio- bzw. Innendreh, würde ich grundsätzlich lieber um Erlaubnis fragen. Bei Außendreharbeiten, wie zum Beispiel auf der Straße, auf einer Fußgängerzone oder auf einem Hauptbahnhof, wird je nach Filmproduktion auch schon mal »drüber hinweg gesehen«. Dass dies nicht immer der Fall ist, habe ich bei Dreharbeiten auf einem Hauptbahnhof selbst erfahren müssen. Ich konnte das Verbot – wenn es auch freundlich ausgesprochen wurde – nicht nachvollziehen. Denn mindestens ein halbes Dutzend Unbeteiligte auf dem Bahnhof durften weiter fotografieren. Eine Begründung blieb aus! Meine vier Frinnerungsfotos habe ich übrigens heute noch.

Wer ein Erinnerungsfoto mit einem Schauspieler haben möchte, der richtet seinen Wunsch entweder an die Komparsenbetreuung oder an die Assistenz der Set-Aufnahmeleitung. Die meisten Schauspieler sind in dieser Hinsicht recht kulant. Autogrammwünsche können auf dem gleichem Weg erfolgen. Je nach Situation und Schauspieler habe ich einige auch persönlich angesprochen und damit durchweg recht positive Erfahrungen gemacht, wie zum Beispiel mit Erdogan Atalay, Christian Tramitz und

Jürgen Vogel. Wer natürlich zwischen den einzelnen Szenen ankommt, braucht sich nicht zu wundern, wenn ihm dies versagt wird. Gespür für den richtigen Zeitpunkt ist unbedingt angesagt. Das gilt natürlich auch, wenn man Small Talk führen möchte. Nicht jeder Schauspieler ist davon begeistert, wenn man ihn anspricht. Stellen Sie sich vor, jeden Tag wollen zehn Komparsen mit Ihnen Small Talk führen. Wenn jemand seine Ruhe haben möchte, sollte man dies respektieren.

14. Schlusswort

Sie haben es nun geschafft und sind am Ende dieses Buches angekommen. Wie Sie in den verschiedenen Kapiteln gelesen haben, wird einem Komparsen viel abverlangt. Ich hoffe, dass ich Ihnen einen amüsanten, aber auch tiefen Einblick in die Komparsenwelt geben konnte. Haben Sie Anregungen, Verbesserungsvorschläge, eine Frage oder konstruktive Kritik, so senden Sie mir einfach eine E-Mail: Komparsenwelt@Aol.com.

Interessieren würde mich auch, welche positiven oder negativen Erfahrungen Sie als Komparse bei Dreharbeiten gemacht haben. Sollte mein elektronischer Briefkasten unerwartet aus allen Nähten platzen oder Sie nicht sofort eine Nachricht erhalten, dann lassen Sie bitte Nachsicht walten – auch im Hinblick auf meinen Beruf und meiner Fortbildung. Ich werde mich jedoch bemühen, jedem Einzelnem gerecht zu werden.

Vielen Dank!

Ihr
Martin Kort

Über den Autor

Martin Kort, 35 Jahre alt, hat knapp drei Jahre Komparserie-Erfahrung und neben seinem Hauptjob als Krankenpfleger in diversen Serien und Fernseh- und Kinofilmen mitgewirkt. Als Nebendarsteller war er bereits in »SK Kölsch« als Leiche zu sehen. Zurzeit macht der Autor eine Fachweiterbildung zum »Fachwirt Sozial – und Gesundheitswesen«.

15. Kleines Filmglossar

Absperrung steht	Meldung, dass z.B. eine Straßensperrung steht, damit unbefugte Fußgänger nicht durchs Bild laufen.
Achtung wir drehen	Sekunden vor Beginn einer Spielszene.
Action, Los, Und bitte	Startkommando des Regisseurs für die Szene, Schauspieler wie evtl. auch Komparsen müssen nun aktiv werden. »Spielen«
Alles auf Anfang	Die Szene wird noch einmal gedreht. Schauspieler wie auch Komparsen nehmen die alte Position (Startposition) wieder ein.
Bergfest	Eine Feier für die festen Teammitglieder, nachdem die Hälfte des Filmes abgedreht wurde.
Catering	Verpflegungswagen
Danke, Cut, Aus	Ansage, dass die Aufnahme zu beenden ist.
Dispo	DIN A4-Zettel mit allen wichtigen Informationen.
Dollyfahrer	»Fahrer«, der den fahrbaren Untersatz, auf dem die Kamera montiert ist, samt Kameramann auf einer Art Schiene hin und her bewegt (manuell).
Drehort	Ort, an dem gedreht wird, z.B. Schwimmbad, Set wäre dann z.B. am Sprungturm.
FX-Spezialisten	Für die Spezialeffekte zuständig (Explosionen, Regen, Waffen etc.).
Garderobe	Umkleideraum, Ort der Kostümbildnerin/Garderobiere und der Kostüme (Kleider).

Komparse/Statist	Eine stumme Figur, die in einem Film oder Theaterstück mitwirkt.
Low Budget Film	Finanzielle Mittel sind gering, Gage ist meist weit unter der Grundgage (50,00 €) eines Komparsen.
Making of's	Dokus über das Zustandekommen von Film-/TV-Produktionen.
Markierung	Kleine Klebestreifen auf dem Boden kennzeichnen diePosition, die ein Schauspieler in einer Szene erreichen soll.
Maske	Maskenbildnerin, Maskenwagen, Schminken
No Budget Film	Hier wird meist keine Gage bezahlt.
Nur Ton	Aufnahme von Geräuschen oder Gesprächen ohne Bild, erfolgt meist immer nach dem eigentlichem Dreh.
Ruhe! Ruhe bitte!	Unbedingt Folge zu leisten, Gespräche einstellen! Ansage meist vor oder während des Drehs.
Set	Ort, an dem unmittelbar gedreht wird, z.B. Rezeption, Drehort wäre das Hotel.
Set frei machen	Ansage, dass man sich umgehend vom Set entfernen muss für den Umbau der Technik, Kamera, Licht etc..
Stellprobe	Hier werden die Positionen und »Fußwege« für die Schauspieler und Komparsen festgelegt.